Comprendre le temps de recueillement

Le secret de la force spirituelle

DAG HEWARD-MILLS

Parchment House

Sauf indication contraire, toutes les citations bibliques sont tirées de la version Louis Segond de la Bible

Titre original : ***Understanding the Quiet Time: The Secret of Spiritual Strength***

Publié pour la première fois en 2014
par Parchment House

Version française publiée pour la première fois en 2014
par Parchment House

Deuxième impression en 2015
par Parchment House

Traduit par : Professional Translations, Inc.

Pour savoir plus sur Dag Heward-Mills
Campagne Jésus qui guérit
Écrivez à : evangelist@daghewardmills.org
Site web : www.daghewardmills.org
Facebook : Dag Heward-Mills
Twitter : @EvangelistDag

Dédicace
À ***Mme Betty Donkor***, ma mère spirituelle.
Merci de m'avoir enseigné comment mettre à part des temps de recueillement.

ISBN : 978-1-61395-483-6

Table des matieres

Chapitre 1

Le temps de recueillement – l'habitude le plus important de la vie

« La deuxième partie de la vie d'un homme est faite des habitudes qu'il a acquises pendant la première. »

Dostoïevski

« La force des vertus d'un homme est faite de ses actes habituels. »

Pascal

Une habitude, c'est une chose que vous faites sans y penser ou sans avoir l'intention de la faire. Chaque bon chrétien a de multiples habitudes. Ce sont ces bonnes habitudes qui ont fait de lui ce qu'il est.

Tous les grands hommes ont des habitudes qui les ont rendus grands. Notre Seigneur avait des habitudes qui l'ont rendu grand.

Jésus-Christ

1. Il allait à l'église régulièrement.

Saviez-vous que Jésus avait de bonnes habitudes ? La Bible nous dit qu'il avait l'habitude d'aller à l'église tous les jours de sabbat.

Il vint à Nazareth, où il avait été élevé, et il se rendit à la synagogue, selon sa coutume, le jour du sabbat. Il se leva pour faire la lecture.

Luc 4:16

2. Il se retirait pour prier.

Jésus avait également l'habitude de se rendre dans un jardin particulier pour se retirer. C'était un endroit où il se rendait souvent. Et tout le monde connaissait son habitude de prier dans le jardin.

> **Après avoir dit cela, Jésus sortit avec ses disciples pour aller de l'autre côté de l'oued Cédron, où se trouvait un jardin dans lequel il entra, lui et ses disciples. Judas, qui le livrait, connaissait le lieu, parce que Jésus et ses disciples s'y étaient souvent réunis.**
>
> **Jean 18:1,2**

Daniel

Daniel priait à des moments précis de la journée. C'était une habitude qu'il avait prise. C'était aussi l'un des plus grands secrets de sa vie.

> **Lorsque Daniel sut que le décret était signé, il monta chez lui dans la chambre à l'étage dont les fenêtres étaient ouvertes dans la direction de Jérusalem ; trois fois par jour il se mettait à genoux, il priait et louait son Dieu, COMME IL LE FAISAIT AUPARAVANT.**
>
> **Daniel 6:11**

Dix choses que chaque chrétien doit savoir à propos des habitudes

1. Une habitude est UN ACTE QUI EST FACILEMENT RÉPÉTÉ sans qu'on y pense ou qu'on le planifie.

2. Une habitude est UN ACTE QUI DEVIENT VOTRE COUTUME que vous en soyez conscient ou non.

3. Une habitude est souvent UN ACTE INSIGNIFIANT QUI SEMBLE N'AVOIR AUCUN POUVOIR lui permettant d'influencer notre avenir. C'est la raison pour laquelle de nombreuses personnes ne comprennent pas le concept

selon lequel le fait d'avoir de bonnes habitudes est un outil puissant qui permet d'accomplir des prouesses.

4. Une habitude peut être BONNE OU MAUVAISE, NATURELLE OU SPIRITUELLE. Les habitudes spirituelles, ce sont, par exemple, le fait de prier le matin et de se réserver un temps de recueillement quotidien avec Dieu. Les habitudes naturelles, ce sont, par exemple, le fait de se brosser les dents ou de prendre un bain quotidien.

5. LES BONNES HABITUDES SONT RÉPÉTÉES AUSSI FACILEMENT QUE LES MAUVAISES.

6. LES MAUVAISES HABITUDES CONDUISENT À DES ÉCHECS ET DES DÉFAITES RÉGULIÈRES sans que la personne réalise ce qui lui arrive.

7. LES BONNES HABITUDES CONDUISENT À DES SUCCÈS ET DES VICTOIRES RÉGULIÈRES sans que la personne réalise même ce qu'elle fait.

8. Les mauvaises habitudes sont faciles à acquérir mais difficiles à supporter. LES BONNES HABITUDES SONT DIFFICILES À ACQUÉRIR MAIS FACILES À SUPPORTER.

9. CHAQUE CHRÉTIEN QUI A DU SUCCÈS POSSÈDE UN CERTAIN NOMBRE DE BONNES HABITUDES QUI L'ONT CONDUIT À UN TEL SUCCÈS. Il y a de nombreuses années, l'un de mes amis m'a appris comment avoir un temps de recueillement tous les matins. J'ai développé cela comme une habitude personnelle, et cela a constitué par la suite mon plus grand secret en tant que chrétien, puis plus tard en tant que pasteur. Presque toutes les choses au sujet desquelles je prêche sont la conséquence de cette bonne habitude.

10. LES HABITUDES CONSTITUENT UN PROCESSUS SÛR POUR LES CHRÉTIENS. Cela se vérifie parce que, même quand un leader est sous pression, il fera certaines choses par habitude, naturellement et facilement. Quand il

est sous pression, le leader peut ne pas avoir le temps de penser à ce qu'il fait ou à la manière d'agir. C'est la bonne habitude de prier ou d'avoir un temps de recueillement qui pourra lui permettre de sortir de la difficulté. À l'instar de Jésus, j'ai également un endroit où je me rends souvent pour prier. J'y vais également souvent avec mes pasteurs. Cette habitude m'aide à rester spirituellement protégé, même quand je ne ressens aucun danger.

Chapitre 2

Le temps de recueillement– le secret de plusieurs grands hommes de Dieu

Moïse avait des temps de recueillement

Le Seigneur dit à Moïse : Taille deux tablettes de pierre comme les premières ; j'écrirai sur ces tablettes les paroles qui étaient sur les premières tablettes que tu as brisées.

SOIS PRÊT AU MATIN ; DÈS LE MATIN, TU MONTERAS AU MONT SINAÏ ; TU TE TIENDRAS LÀ DEVANT MOI, SUR LE SOMMET DE LA MONTAGNE. QUE PERSONNE NE MONTE AVEC TOI, ET QU'ON NE VOIT PERSONNE DANS TOUTE LA MONTAGNE ; QUE NI LE PETIT BÉTAIL NI LE GROS BÉTAIL NE PAISSE DEVANT CETTE MONTAGNE.

Moïse tailla deux tablettes de pierre comme les premières. Puis Moïse se leva de bon matin et monta sur le mont Sinaï, comme le Seigneur le lui avait ordonné ; il prit les deux tablettes de pierre.

Le Seigneur descendit dans la nuée, se tint là auprès de lui et proclama le nom du Seigneur (YHWH).

Le Seigneur passa devant lui en proclamant : le Seigneur, le Seigneur (YHWH, YHWH), Dieu compatissant et clément, patient et grand par la fidélité et la loyauté, qui conserve sa fidélité jusqu'à la millième génération, qui pardonne la faute, la transgression et le péché, mais qui ne tient pas le coupable pour innocent, qui fait rendre des comptes aux fils et aux petits-fils pour la faute des pères, jusqu'à la troisième et la quatrième génération !

Moïse s'empressa de s'incliner jusqu'à terre, en se prosternant. Il dit : Seigneur, je t'en prie, si j'ai trouvé grâce à tes yeux, daigne marcher parmi nous, car c'est un peuple rétif ; tu pardonneras notre faute et notre péché, et tu feras de nous ton patrimoine.

Il répondit : Je conclus moi-même une alliance. Je ferai, devant tout ton peuple, des choses étonnantes, telles qu'il n'y en a jamais eu sur toute la terre et dans toutes les nations ; tout le peuple qui t'entoure verra l'œuvre du Seigneur, cette œuvre redoutable que j'accomplirai avec toi.

Exode 34:1-10

Dieu a ordonné à Josué d'avoir un temps de recueillement quotidien avec Lui

Ce livre de la loi ne s'éloignera pas de ta bouche ; TU LE RELIRAS JOUR ET NUIT pour veiller à mettre en pratique tout ce qui y est écrit ; alors tu mèneras à bien tes entreprises, tu réussiras.

Josué 1:8

Adam avait des temps de recueillement avant sa chute

Alors ils entendirent le Seigneur Dieu qui parcourait le jardin avec la brise du soir. L'homme et sa femme allèrent se cacher parmi les arbres du jardin pour ne pas être vus par le Seigneur Dieu. Le Seigneur Dieu appela l'homme ; il lui dit : Où es tu ? Il répondit : Je t'ai entendu dans le jardin et j'ai eu peur, parce que j'étais nu ; je me suis donc caché.

Genèse 3:8-10

Le prophète Michée connaissait la pratique des temps de recueillement

Alors Sédécias, fils de Kenaana, s'approcha, frappa Michée sur la joue et dit : Par où le souffle du Seigneur est-il sorti de moi pour te parler ? Michée répondit : Tu le verras bien, le jour où tu iras de pièce en pièce pour te cacher.

1 Rois 22:24-25

Jésus avait Lui aussi ses temps de recueillement

Au matin, ALORS QU'IL FAISAIT ENCORE TRÈS SOMBRE, il se leva et sortit pour aller dans un lieu DÉSERT où il se mit à prier.

Marc 1:35

Jésus avait Son temps de recueillement avec Dieu, « alors qu'il faisait encore sombre » . Il enseignait également à ses disciples à se mettre à l'écart des autres et à passer du temps, seuls avec Dieu.

Mais toi, quand tu pries, ENTRE DANS LA PIÈCE LA PLUS RETIRÉE, ferme la porte et PRIE TON PÈRE QUI EST DANS LE SECRET ; et ton Père, qui voit dans le secret, te le rendra.

Matthieu 6:6

David avait des temps de recueillement

O Dieu, tu es mon Dieu ; je te cherche, j'ai soif de toi, je soupire après toi, dans une terre desséchée. Lorsque je me souviens de toi sur mon lit, pendant les veilles de la nuit, je médite sur toi.

Psaume 63:27

Chapitre 3

Le temps de recueillement – un moment seul avec Dieu

Le temps de recueillement, c'est le temps que vous passez seul avec Dieu. Si quelqu'un me demandait quel est le plus grand secret de ma relation avec Dieu, je dirais sans hésitation qu'il s'agit de la puissance qui se dégage des temps de recueillement que je passe avec Lui tous les jours.

Je serai toujours reconnaissant envers la femme qui m'a enseigné à passer des temps de recueillement avec le Seigneur chaque matin.

Ce qu'elle m'a enseigné a considérablement influencé ma vie jusqu'à présent, et c'est la raison pour laquelle j'ai décidé d'écrire ce livre afin que vous puissiez bénéficier de la puissance de ces temps de recueillement.

Sept choses qui se passent pendant 67890-jle temps de recueillement

1. **Pendant le temps de recueillement, vous pouvez développer la relation la plus importante de votre vie.**

Une relation naturelle se développe entre deux personnes qui passent d'excellents moments ensemble. Passez d'excellents moments avec Dieu. La plupart des chrétiens ignorent l'importance de ces moments passés avec Dieu.

2. **Se réserver un temps de recueillement permet de développer l'habitude personnelle la plus importante de tous les temps : passer régulièrement du temps avec son Créateur.**

J'ai un tel temps de recueillement tous les jours et je passe d'excellents moments avec le Seigneur.

3. Pendant votre temps de recueillement, vous vous approchez de Dieu et il s'approche de vous.

« Approchez vous de Dieu, et il s'approchera de vous. Purifiez vos mains, pécheurs, et nettoyez votre cœur, âmes partagées. »

Jacques 4:8

4. Un temps de recueillement vous permet de lire le livre le plus important du monde.

La Bible est le livre le plus important du monde. C'est l'ouvrage le plus remarquable que la race humaine connaisse.

Comparant les autres livres religieux à la Bible, le professeur M. MontieroWilliams a dit :

> « Empilez-¬les, si vous le voulez, sur le côté gauche de votre bureau ; mais mettez votre Bible sur le côté droit – toute seule – et laissez un grand espace entre elle et les autres. Car… il y a un gouffre entre elle et les soi-disant livres sacrés de l'Orient qui sépare le premier des autres de manière absolue, désespérée et définitive …un véritable gouffre qui ne peut être franchi par aucune science de la pensée religieuse. »[1]

5. Un temps de recueillement, c'est votre école personnelle de la Parole.

Pendant votre temps de recueillement, vous êtes assis et vous apprenez aux pieds du plus Grand Enseignant que Jésus nous ait laissé – le Saint Esprit. Il vous enseignera de nombreuses choses et vous montrera de nombreuses révélations merveilleuses dans la Parole.

J'ai encore beaucoup à vous dire, mais vous ne pouvez pas le porter maintenant. Quand il viendra, lui, l'Esprit de vérité, il vous conduira dans toute la vérité. Il vous annoncera ce qui est à venir.

Jean 16:12,13

6. **Pendant votre temps de recueillement, vous accroissez votre connaissance personnelle des Écritures.**

... joindre à votre foi la force morale, à la force morale la connaissance.

2 Pierre 1:5

Croissez plutôt dans la grâce et la connaissance de Jésus-Christ, notre Seigneur et Sauveur.

2 Pierre 3:18

Votre temps de recueillement personnel avec Dieu vous offre l'occasion d'ajouter la connaissance à votre foi.

7. **Pendant votre temps de recueillement, vous faites l'expérience de la présence de Dieu.**

Adam a fait l'expérience de la présence du Seigneur dans le jardin d'Eden jusqu'à sa chute.

Alors ils entendirent le Seigneur Dieu qui parcourait le jardin avec la brise du soir. L'homme et sa femme allèrent se cacher pour ne pas être vus par le Seigneur Dieu.

Genèse 3:8

Il y a, dans chaque homme, une faim. Il y a, dans chaque être humain, une recherche de la présence de Dieu. Nous aspirons tous à la présence de Jéhovah. Rien n'est comparable à cette présence. Chaque prédicateur aspire à ressentir la présence de Dieu quand il exerce son ministère. Le culte n'est jamais le même s'il n'y a pas la présence de Dieu. Votre vie sera remplie de joie si vous expérimentez la présence de Dieu dans vos temps de recueillement !

Tu me feras connaître le sentier de la vie ; il y a abondance de joies devant toi, des délices éternelles à ta droite.

Psaume 16:11

Chapitre 4

Le temps de recueillement – une occasion d'avoir une relation personnelle avec Dieu

Ce ne sont pas tous ceux qui me disent : « Seigneur ! Seigneur ! » Qui entreront dans le royaume des cieux, mais celui-là seul qui fait la volonté de mon Père qui est dans les cieux. Beaucoup me diront en ce jourlà : « Seigneur, Seigneur, n'estce pas par ton nom que nous avons parlé en prophètes, par ton nom que nous avons chassé des démons, par ton nom que nous avons fait beaucoup de miracles ? » Alors je leur déclarerai : « Je ne vous ai jamais connus : éloignezvous de moi, vous qui faites le mal ! »

Matthieu 7:21-23

L'une des déclarations de Jésus qui a été le moins comprises est : « Je ne vous ai jamais connus. » Ces gens prophétisaient en son nom. Ils accomplissaient de nombreuses œuvres merveilleuses en son nom, mais Jésus leur a dit : « Je ne vous ai jamais connus. » Je me suis toujours demandé comment il était possible de faire les œuvres de Dieu sans même le connaître. Cher ami, vous feriez mieux de croire ce que Jésus a dit.

Il est possible d'être membre d'une église et de faire de grandes choses, tout en ne connaissant pas Dieu. Un temps de recueillement quotidien vous permettra d'entretenir une relation personnelle avec le Seigneur. Rien d'autre ne peut vous aider à avoir une relation personnelle avec le Seigneur. Le fait d'être venu mille fois à l'église n'équivaut pas au fait d'avoir une relation et de vivre une interaction personnelle et vivante avec le Seigneur. C'est cette interaction personnelle avec le Seigneur dont la plupart des chrétiens manquent.

Dieu semble être plus intéressé par la relation personnelle que par les grandes œuvres que nous accomplissons en public, en son nom. Un temps de recueillement vous aidera à avoir cette connaissance personnelle de Dieu. Un temps de recueillement quotidien vous empêchera d'aller en enfer. Un temps de recueillement vous délivrera de la désillusion qui repose sur la confusion entre le travail pour Dieu et la connaissance personnelle de Dieu. Il y a des gens qui travaillent pour moi mais qui ne me connaissent pas personnellement. J'ai des employés qui ne me connaissent pas vraiment. Ils ont beau me reconnaître quand je les croise, ils n'ont pas de véritable relation personnelle avec moi.

Il y a de nombreux bergers et pasteurs qui travaillent dans l'église avec moi. Cependant, je n'entretiens pas de relation personnelle avec chacun d'entre eux. Il y a donc une vraie différence entre ceux qui travaillent pour moi et ceux qui entretiennent une relation personnelle avec moi.

Comment puis-je avoir une relation personnelle avec certains de mes pasteurs et bergers ? La réponse est simple. Certains de ces pasteurs et bergers font des efforts pour être proches de moi et pour que nous ayons une interaction ensemble. Maintenant, je les connais personnellement et je peux même les appeler amis. Il y a, dans mon église, des gens qui font des choses merveilleuses au nom de l'église et de ma part. Mais la réalité est que je ne les connais pas personnellement.

Avant, quand quelqu'un me demandait comment il pouvait avoir plus de succès dans le ministère, je lui donnais vingtcinq principes pour la croissance de l'église et je lui montrais dix-huit stratégies pour une évangélisation efficace. Je leur indiquais également les sept étapes à suivre pour avoir un excellent ministère. Mais maintenant, si vous me posez la même question, je vous dirai simplement de vous approcher de Dieu et de le connaître personnellement. Voyez-vous, il ne sert à rien de courir à droite ou à gauche de sa part si vous ne le connaissez pas personnellement.

Il est temps de le connaître personnellement. On dit qu'en moyenne, dans le monde, un pasteur prie sept minutes par jour. Si les pasteurs passent moins de dix minutes avec leur Père, les membres de l'église passent peut-être quelques secondes chaque semaine avec leur Seigneur. Il n'est pas étonnant que l'Église en soit réduite à ce qu'elle est maintenant.

Il est temps de le connaître personnellement. Le seul moyen d'y parvenir consiste à avoir un temps de recueillement régulier et quotidien avec Lui. Vous attendezvous à ce que ce soit Dieu qui vienne à vous pour entretenir une véritable relation avec vous ? Certainement pas ! C'est à vous de vous approcher de Dieu sur une base quotidienne.

Approchez-vous de Dieu, et il s'approchera de vous…

Jacques 4:8

À cet égard, un temps de recueillement quotidien avec Dieu peut fort bien constituer votre passeport pour le ciel.

Quand vous rencontrez une personne en public et que vous serrez sa main, vous pouvez difficilement dire, après, que vous la connaissez. Chez moi, j'ai une photo de ma belle-mère qui pose à côté du président Clinton. Quand elle nous l'a montrée, nous lui avons dit : « Oh là, mais quand l'as-tu rencontré ? Comment t'y es-tu pris pour faire sa connaissance ? »

Elle a souri, puis nous a raconté comment elle avait parlé quelques instants avec lui et avait voulu faire cette photo, lors d'une conférence. La photo peut donner l'impression qu'il l'a connaît. Mais la réalité, c'est qu'il ne la connaît pas du tout, et elle ne le connaît pas plus. Le fait de rencontrer une personne en public ne signifie pas du tout que vous la connaissez.

En savoir beaucoup sur quelqu'un, ce n'est pas comme connaître cette personne. Beaucoup de gens qui en savent beaucoup sur moi ne me connaissent pas. Certaines personnes qui me voient de loin peuvent penser que je suis un homme fier. Certaines personnes peuvent m'entendre parler et penser que je suis une personne difficile. Que Dieu me pardonne mes péchés. Cependant, certaines personnes qui me connaissent personnellement peuvent avoir une autre idée de moi.

Connaître Dieu de loin, ce n'est pas comme le connaître personnellement. Vos impressions lointaines ne changeront que lorsque vous vous approcherez de Lui. Ce n'est pas en public, lors des réunions de l'église, que vous pouvez développer une relation personnelle avec Dieu. Vous ne pouvez développer une relation personnelle avec Dieu en assistant à des conventions et des croisades d'évangélisation. Vous ne pouvez pas développer une relation personnelle avec quelqu'un en ayant une interaction en public. Il faut qu'il y ait une communication à un niveau personnel. Il faut qu'il y ait une interaction personnelle ! Il faut qu'il y ait un temps de recueillement. Vous pouvez connaître Dieu personnellement en passant du temps avec Lui pendant votre temps de recueillement.

Chapitre 5

Le temps de recueillement– une occasion de vaincre la superficialité

Quant à ceux qui ont été en semencés dans les endroits pierreux, ce sont ceux qui, lorsqu'ils entendent la Parole, la reçoivent aussitôt avec joie, mais qui n'ont pas de racine en eux-mêmes ; ils ne tiennent qu'un temps ; si tôt que survient la détresse ou la persécution à cause de la Parole, c'est pour eux une occasion de chute.

Marc 4:16,17

La superficialité est la maladie du chrétien charismatique. Chez lui, on trouve beaucoup de paroles, mais pas de profondeur. Même nos églises sont superficielles et dépourvues de profondeur. Je me suis rendu un jour dans un endroit proche du désert du Sahara. Je fus étonné de ne trouver là que quelques églises charismatiques ou pentecôtistes. Voyezvous, malgré tout le bruit que nous faisons, nous les églises charismatiques et pentecôtistes, nous n'avons pas trouvé le moyen d'évangéliser les endroits où il y a le plus grand besoin. Il en est de même des chrétiens. Nous sommes bruyants, nous disons tout le temps « gloire à Dieu ! » et nous faisons des tas de confessions positives. Cependant, il y a peu de profondeur en chacun de nous, et il est temps de sortir de la superficialité.

Les sept symptômes de la superficialité chez les chrétiens

1. Un manque de connaissance des Écritures

Les chrétiens ignorent ce que la Bible dit sur de nombreux sujets. Nous avons organisé un examen dans l'une de nos églises. Un homme s'est présenté et nous a affirmé être un berger/leader.

Je lui ai donné une Bible et lui ai dit : « Montrezmoi où la Bible parle de la résurrection. » Cet homme était incapable de trouver l'endroit où la Bible parlait de la résurrection. Voilà bien l'un des symptômes de la superficialité. Dans les églises, les gens crient et chantent, mais ils n'ont aucune profondeur. Comment s'étonner que les chrétiens charismatiques soient facilement ballottés par la nouvelle vague de sensationnalisme.

2. Une incapacité à citer les Écritures

Le fait de citer les Écritures diffère de celui qui consiste à savoir où les choses se trouvent dans la Bible. Tous les chrétiens qui ont de la profondeur sont capables de citer les Écritures. Tous les chrétiens devraient posséder une traduction de la Bible avec laquelle ils sont capables de faire des citations précises.

Je prêchais récemment dans une très grande église charismatique et j'ai commencé à poser des questions. J'ai dit à quelqu'un : « Ditesmoi ce que dit Jean 1:12. » J'ai dit à un autre : « Dites-moi ce que dit 2 Corinthiens 5:17. » Puis j'ai dit à un autre encore : « Que contient Romains 6:23 ? »

Aussi étonnant que cela puisse paraître, la plupart des chrétiens qui remplissent les églises charismatiques sont incapables de citer ces textes bibliques. Il reste que ces textes font partie des textes bibliques fondamentaux qui contribuent à fonder la vie de chaque croyant. Nous ne pouvons pas progresser avec Dieu si nous n'avons pas de profondeur. La mémorisation de l'Écriture est essentielle. Jésus-Christ mémorisait les Écritures.

Dans Matthieu 4, quand le diable a tenté Jésus, il a cité avec précision le Deutéronome et a cloué sur place le diable avec ce texte.

3. Une incapacité à prier pendant au moins une heure par jour

La superficialité est engendrée par l'incapacité d'entrer dans une véritable interaction avec le Seigneur. Quiconque connaît quelque profondeur avec Dieu passera au moins une heure par jour dans la présence du Seigneur. Quand vous connaissez vraiment

Dieu, une heure vous paraîtra bien trop courte. Faites un sondage dans n'importe quelle grande église charismatique. Demandez combien de chrétiens ont passé au moins une heure dans la prière et dans l'étude biblique ce jourlà. Vous découvrirez que très peu de gens passent plus de quelques secondes avec Dieu. Comment s'étonner ensuite que la plupart d'entre eux soient superficiels et ne connaissent pas Dieu.

4. Une incapacité à conduire et enseigner quand on est chrétien depuis deux ans

> **Alors que vous devriez, depuis le temps, être des maîtres, vous avez de nouveau besoin qu'on vous enseigne les premiers éléments des paroles de Dieu : vous en êtes venus à avoir besoin, non pas de nourriture solide, mais de lait.**
>
> **Hébreux 5:12**

Quand une personne est croyante depuis quelque temps déjà, on s'attend à ce qu'elle partage ce qu'elle a reçu. Paul a dit clairement qu'il y a un temps où un croyant est censé devenu un enseignant : « Alors que vous devriez, depuis le temps, être des maîtres, vous avez de nouveau besoin qu'on vous enseigne... » (Hébreux 5:12).

L'incapacité de la majorité des croyants d'accéder au leadership ne fait que refléter la superficialité qui règne dans l'assemblée.

5. Un manque d'intérêt pour les livres et les enregistrements chrétiens

Les chrétiens superficiels lisent rarement des livres chrétiens. Un livre chrétien vous aide à acquérir plus de profondeur. Il vous emmène également dans les hauteurs, plus près de Dieu. Montrezmoi quelqu'un qui lit des livres chrétiens et écoute des enregistrements, et je vous montrerai quelqu'un qui acquiert plus de profondeur avec le Seigneur.

6. Une incapacité à adorer Dieu

Je vais vous donner un devoir. La prochaine fois que vous allez à l'église, regardez autour de vous et voyez combien de personnes chantent. La plupart des chrétiens ne connaissent même pas les chants de l'église. Ils marmonnent et trébuchent sur les paroles pendant les chants. En réalité, ils ne connaissent pas Dieu et n'ont aucun désir de l'adorer. Pour eux, c'est simplement une partie de la réunion qui suit son cours. Ils attendent le bon moment où le pasteur va sortir ses blagues. Demandez-vous : « Suis-je un adorateur ? » Êtes-vous capable de chanter ces chants tout seul chez vous ?

7. Une incapacité de se joindre régulièrement aux autres chrétiens

La superficialité de la plupart des chrétiens est révélée, une fois de plus, dans leur incapacité à participer régulièrement à la communion avec le Seigneur et avec les autres.

> **Mais si nous marchons dans la lumière, comme lui-même est dans la lumière, nous sommes en communion les uns avec les autres, et le sang de Jésus, son Fils, nous purifie de tout péché.**
>
> **1 Jean 1:7**

Ils se battent pour aller à l'église chaque dimanche et souvent, ils arrivent en retard. C'est presque comme s'ils avaient un travail à faire. Permettez-moi de vous poser une question. Quand un homme entretient une relation personnelle avec une femme, n'éprouvet-il pas du plaisir à vivre une véritable interaction avec elle ? N'at-il pas envie de la revoir ? Plus la relation s'approfondit, plus grande sera l'interaction.

Nous vivrons une relation profonde avec notre Dieu si nous avons un temps de recueillement quotidien avec Lui. La superficialité disparaîtra de l'église et le christianisme aura une plus grande signification pour nous tous.

Chapitre 6

Le temps de recueillement – les effets puissants d'un temps de recueillement

La raison pour laquelle la plupart des gens ne pratiquent pas le temps de recueillement, c'est qu'ils ignorent l'effet qu'il peut avoir sur eux.

Quinze effets puissants du temps de recueillement

1. **Un temps de recueillement évite les blessures et diminue la douleur de cette vie.**

La plupart de la douleur et des blessures de cette vie aurait pu être évité si nous avions utilisé la lumière de la vie.

> **Jésus leur dit encore : C'est moi qui suis la lumière du monde ; celui qui me suit ne marchera jamais dans les ténèbres, mais il aura la lumière de la vie.**
>
> **Jean 8:12**

Quand un homme tâtonne dans les ténèbres, il se fait souvent mal tout seul en heurtant des objets inattendus ou invisibles. Comme il est douloureux de frapper son tibia contre une table ! Les douleurs et les blessures que nous expérimentons dans notre vie sont causées par le fait que nous n'utilisons pas la lampe de Dieu.

> **Ta parole est une lampe pour mes pieds, une lumière pour mon sentier.**
>
> **Psaume 119:105**

> **Là je ferai pousser une corne pour David, je disposerai une lampe pour l'homme qui a reçu mon onction.**
>
> **Psaume 132:17**

Quelle est cette lampe que Dieu a préparée tout particulièrement pour ceux qu'il a oints ? C'est la Parole de Dieu !

Les chagrins que certains ont expérimentés dans leur couple viennent du fait qu'ils n'ont pas utilisé la lampe de Dieu pour les guider dans leur vie commune. La plupart des gens prennent la lampe de Dieu après qu'ils ont été sérieusement blessés par les expériences de la vie. La lampe n'a pas pour but d'apaiser votre douleur mais de vous empêcher de vous faire mal. Combien notre vie serait meilleure si nous utilisions cette lampe sur une base quotidienne. La lampe nous gardera de la douleur et des blessures.

Seul le temps de recueillement pourra vous offrir une lumière constante. Si vous vivez dans les ténèbres du lundi au samedi, et que vous ne receviez qu'un peu de lumière le dimanche, votre vie ne sera certainement pas la même que celle de la personne qui vit constamment sous la lumière. Voulez-vous une lumière constante sur votre vie ? Commencez par avoir un temps de recueillement régulier avec Dieu ! Vous réduirez la tristesse de votre vie en utilisant la vraie lumière que Dieu a préparée pour vous. C'est la seule lumière qui peut éclairer le chemin pour tout homme qui marche sur cette terre.

> **La Parole était la vraie lumière, celle qui éclaire tout humain ; elle venait dans le monde.**
>
> **Jean 1:9**

2. Un temps de recueillement quotidien avec Dieu garantit une bonne moisson d'excellentes choses.

Cela vient du fait qu'un temps de recueillement quotidien revient à semer des graines spirituelles dans votre esprit. La Parole de Dieu est la grande semence que vous plantez dans votre cœur quand vous avez un temps de recueillement.

> **Voici ce que signifie la parabole : La semence, c'est la parole de Dieu.**
>
> **Luc 8:11**

Vous êtes en effet nés de nouveau, non pas d'une semence périssable, mais d'une semence impérissable, par la parole vivante et permanente de Dieu.

1 Pierre 1:23

Chaque fois que vous avez un temps de recueillement, vous investissez dans votre vie. Vous semez la semence de la Parole de Dieu et cette semence produira le fruit de l'amour, de la paix et de la joie dans le Saint-Esprit. Vous êtesvous demandé pourquoi il y a peu ou pas d'amour, de paix et de joie dans votre vie ? Ces fruits ne peuvent apparaître que si vous semez une semence spirituelle dans votre vie.

Celui qui sème pour sa propre chair récoltera la moisson de la chair : la pourriture ; mais celui qui sème pour l'Esprit récoltera la moisson de l'Esprit : la vie éternelle.

Galates 6:8

La plupart des chrétiens sèment dans la chair. Ils investissent donc dans la chair. Ils investissent du temps, de l'argent pour le développement de leur chair et de leur existence terrestre. D'autres investissent des semences de télévision, de plaisir, de sexe, d'alcool et de drogue dans leur chair. Les moissons qui proviennent de telles semences sont horribles.

La plupart des pasteurs paissent des brebis qui vivent sous les effets dévastateurs d'une moisson massive provenant de la chair. C'est notre devoir, en tant que pasteurs, de pousser les brebis à investir dans leurs esprits et sur une base quotidienne.

3. **Un temps de recueillement quotidien avec Dieu brûle les choses indésirables.**

Quand ce feu est reçu sur une base quotidienne, aucun mal ne peut demeurer dans notre caractère.

A cause de cela, ainsi parle le Seigneur, le Dieu des Armées : Puisque vous avez prononcé cette parole, je

mets mes paroles dans ta bouche comme un feu, et ce peuple sera le bois que ce feu dévorera.

Jérémie 5:14

Certaines choses ne peuvent être ôtées que par le feu. La Parole de Dieu est un feu. Une dose quotidienne de ce feu se chargera de chaque élément indésirable de votre personnalité et de votre caractère.

4. **Un temps de recueillement quotidien avec Dieu abat les forteresses du mal.**

Du fait qu'un temps de recueillement permet de briser et de brûler les choses mauvaises de nos vies, les chrétiens qui ne pratiquent pas ces moments ont souvent de mauvais caractères. Les forteresses qui demeurent dans la vie de la plupart des chrétiens ne peuvent être brisées par un seul sermon, aussi puissant soitil. Quiconque n'a pas de temps de recueillement réguliers avec Dieu se retrouve avec un grand nombre de choses qui ont besoin d'être brûlées et brisées.

Ma parole n'estelle pas comme un feu – déclaration du Seigneur – et comme un marteau qui fait éclater le roc ?

Jérémie 23:29

5. **Un temps de recueillement quotidien avec Dieu conduit à enlever les aspects indésirables de notre vie et de notre caractère.**

Une fois de plus, vous constaterez que les chrétiens qui se contentent d'écouter les sermons du dimanche mais n'expérimentent pas cet arrachage régulier de leurs tendances mauvaises sont très différents de ceux qui pratiquent le temps de recueillement.

Car la parole de Dieu est vivante, agissante, plus acérée qu'aucune épée à deux tranchants ; elle pénètre jusqu'à la division de l'âme et de l'esprit, des jointures et des

moelles : elle est juge des sentiments et des pensées du cœur.

Hébreux 4:12

6. **Un temps de recueillement régulier avec Dieu met une arme dans la main du croyant.**

Satan rit de bon cœur quand il voit des chrétiens sans armes et exposés. L'acte quotidien que Satan déteste et craint, c'est de vous voir vous équiper quotidiennement de l'épée de l'Esprit. La prière est bonne. Le jeûne est bon. Aller à l'église, c'est bon. Mais aucun de ces actes ne peut remplacer celui qui consiste à s'équiper quotidiennement comme un bon soldat de Dieu.

La Parole de Dieu échappe facilement à nos mains, à cause de la pression du monde dans lequel nous vivons. Les opinions des non-croyants, des pécheurs, des chrétiens à l'esprit mondain contribuent à l'érosion de l'effet de la Parole de Dieu dans notre vie. C'est pour cela qu'il est nécessaire de placer régulièrement l'épée dans nos mains afin que nous soyons prêts à affronter toutes les ruses du diable.

Prenez aussi le casque du salut et l'épée de l'Esprit, qui est la Parole de Dieu.

Éphésiens 6:17

7. **Les temps de recueillement libèrent les chrétiens et les pasteurs des illusions et des déceptions relatives à ce qu'ils sont.**

Cela nous montre ce que nous devons faire pour plaire au Seigneur.

Mettez la Parole en pratique ; ne vous contentez pas de l'écouter, en vous abusant vous-mêmes.

Jacques 1:22

Le prophète Ésaïe pensait qu'il était un brave homme. Ses messages – que nous découvrons dans les cinq premiers chapitres de son livre – sont très sévères à l'égard de son peuple. Il leur disait souvent : « Malheur à ceux qui. »

Quel malheur pour ceux qui se lèvent de bon matin afin de rechercher l'alcool, pour ceux qui traînent au crépuscule, échauffés par le vin !

Ésaïe 5:11

Quel malheur pour ceux qui tirent le mal avec les liens de l'illusion, le péché comme avec les chaînes d'un chariot.

Ésaïe 5:18

Quel malheur pour ceux qui disent le mauvais bon et le bon mauvais, qui font des ténèbres une lumière et de la lumière des ténèbres, qui font de l'amour une douceur et de la douceur une amertume !

Ésaïe 5:20

Quel malheur pour ceux qui se croient sages et qui se considèrent comme intelligents !

Ésaïe 5:21

Quel malheur pour ceux qui sont vaillants quand il s'agit de boire du vin, pour les héros de la préparation de l'alcool !

Ésaïe 5:22

Un jour, Dieu décida de se révéler à Ésaïe. Ce dernier fut choqué quand sa véritable condition fut dévoilée par Dieu. Il suffit d'un aperçu de Dieu dans sa gloire. Immédiatement, Ésaïe fut délivré de toutes ses illusions. Il changea aussitôt son message. Ce jour-là, il dit : « Malheur à moi ! » Il ne dit plus : « Malheur à ceux qui. »

Alors je dis : Quel malheur pour moi ! Je suis perdu, car je suis un homme aux lèvres impures, j'habite au milieu d'un peuple aux lèvres impures, et mes yeux ont vu le Roi, le Seigneur (YHWH) des Armées.

Ésaïe 6:5

À mesure que nous corrigeons les autres et que nous voyons tout le temps leurs fautes, Dieu nous aide à voir également nos propres manquements. Puissionsnous nous voir de la manière dont Dieu nous voit. Ne vous laissez pas impressionner par ce que les gens disent de vous. N'acceptez pas la flatterie des êtres humains. Ce qui est hautement estimé aux yeux des hommes est souvent une abomination aux yeux de Dieu.

Il leur dit : Vous, vous vous faites passer pour justes devant les gens, mais Dieu connaît votre cœur ; car ce qui est élevé aux yeux des gens est une abomination devant Dieu.

Luc 16:15

À une certaine époque, j'estimais que j'exerçais plutôt bien le ministère. Le Seigneur se révéla à moi dans une vision et me montra une image sur laquelle apparaissaient des excréments humains couverts de graisse. Puis il me dit que c'était ce à quoi je ressemblais, à ses yeux. Je fus très attristé par ma condition pathétique et je pleurai devant le Seigneur. Je me demandais ce que le Seigneur pouvait bien avoir à me reprocher. Voyez-vous, la plupart des gens – moi inclus – pensaient que j'étais quelqu'un de bien. Cher ami, un moment passé régulièrement avec Dieu vous sauvera des illusions.

La Parole de Dieu est comme cela. Dieu se révèle à vous. Chaque fois que vous lisez la Parole de Dieu, vous voyez Dieu. Quand Ésaïe a vu le Seigneur, il n'a pas été trompé par ce qu'il était. Priez que Dieu se révèle lui-même à vous quand vous lisez la Parole de Dieu tous les jours. La plupart des membres d'églises ne seraient pas si fiers, arrogants et présomptueux s'ils se voyaient tels qu'ils apparaissent devant Dieu.

La plupart des chrétiens n'accuseraient pas leurs leaders s'ils avaient ne serait-ce qu'un aperçu de ce qu'ils sont réellement aux yeux de Dieu.

La Parole de Dieu est un miroir. Elle nous renvoie notre vraie image. Un temps de recueillement vous révèlera toujours la vérité.

Nous sommes tellement assujettis aux illusions et aux tromperies que nous avons besoin d'un apport régulier de la

Parole de Dieu dans notre vie. Je ne peux pas exagérer le besoin que nous avons d'un ministère régulier de la Parole dans notre vie. Seul, un temps de recueillement peut nous apporter régulièrement ce dont nous avons besoin pour être délivrés constamment de la tromperie.

8. Un temps de recueillement quotidien avec Dieu nous apportera une grande croissance spirituelle.

Un temps de recueillement régulier nous expose en permanence à la nourriture spirituelle. La Parole de Dieu est comme du lait pour notre âme (1 Pierre 2:2). C'est du pain pour les affamés (Matthieu 4:4), de la viande pour les hommes (Hébreux 5:12) et du miel doux dans le désert.

Les églises charismatiques sont riches de milliers de bébés spirituels qui n'ont pas grandi. Les pasteurs des églises charismatiques d'aujourd'hui sont considérés par les membres de ces églises comme des superstars qui ont réponse à tout. Mais il n'en est rien. Nous les pasteurs, nous apprécions de voir les gens dépendre de nous. Ils nous regardent comme si nous étions des demi-dieux avec une réponse idéale pour chaque problème.

Pendant ma croissance spirituelle, j'appartenais à une organisation évangélique. Je ne fréquentais pas une grande église charismatique. Dans cette organisation, le pasteur n'était pas une superstar de la télévision. Nous étions dirigés vers la Parole de Dieu comme étant la source de tout. Je suis reconnaissant pour le fait que la première chose que j'ai apprise dans cette organisation, c'était qu'il fallait avoir un temps de recueillement quotidien.

Je me souviens du jour où l'on m'a enseigné à avoir un temps de recueillement. J'ignorais à l'époque que l'on me dirigeait vers l'élément le plus important du christianisme – la Parole de Dieu. On me montrait comment recevoir du lait sur une base quotidienne. De la viande et du pain pour satisfaire tous mes besoins, et du miel quand j'avais besoin de manger des aliments doux.

Un examen de radiologie spirituel révèlera qu'une grande église charismatique contient des chrétiens qui n'ont pas grandi et qui crient des slogans et des clichés chrétiens, tout en acclamant leurs pasteurs comme s'ils étaient des pop stars ou de grands footballeurs. Comment s'étonner que le christianisme d'aujourd'hui soit à cent mille lieues de ce qu'il était dans le passé ? Aujourd'hui, on ne fait plus de sacrifices. On ne voit plus le royaume s'étendre. Et la chair est présente partout. La chair est un signe d'immaturité. Pourquoi une si grande partie du corps de Christ est-elle immature ? Parce que la plupart des chrétiens n'ont pas un temps de recueillement quotidien avec Dieu.

Les chrétiens d'aujourd'hui dépendent de leur repas vite réchauffé aux micro-ondes et que leur donne la Bible de leur pasteur, le dimanche matin. Peuton comparer un enfant qui reçoit chaque jour un repas équilibré et quelqu'un qui reçoit, chaque semaine, un sermon de trente-cinq minutes réchauffé aux micro-ondes. Il est temps de grandir. Il est temps de profiter du lait, du pain, de la viande et du miel qui sont dans votre Bible. Le fait d'avoir un temps de recueillement quotidien constitue la meilleure habitude que j'ai acquise en tant que chrétien.

9. Un temps de recueillement quotidien apporte une guérison intérieure.

Il envoya sa parole et les guérit, il les délivra de leurs infections.

Psaume 107:20

La Parole de Dieu sait comment nous guérir de notre douleur et de nos blessures. Dieu vous touchera là où cela fait mal si vous lui permettez de le faire. Et il vous guérira, quelle que soit la situation que vous traversez.

Les problèmes spirituels, émotionnels et psychologiques sont les plus difficiles à résoudre. Les médecins luttent souvent avec ces problèmes sans succès. Le diagnostic et le traitement des problèmes spirituels, émotionnels et psychologiques constituent l'un des domaines les plus difficiles, pour la médecine. Mais Dieu a une solution. Elle est dans sa Parole. Une dose quotidienne de la Parole puissante de Dieu apportera la guérison à toutes les blessures intérieures. Qu'a dit Jésus ? « L'Esprit du Seigneur est sur moi, parce qu'il m'a conféré l'onction pour annoncer la bonne nouvelle aux pauvres et pour guérir ceux qui ont le cœur brisé. » Comment Jésus allait-il guérir ceux qui ont le cœur brisé ? Par le moyen de la Parole de Dieu !

10. Un temps de recueillement quotidien avec Dieu apporte la guérison au corps.

> **Mon fils, prête attention à mes paroles, tends l'oreille vers mes discours. Qu'ils ne s'éloignent pas de tes yeux ; gardeles au fond de ton cœur ; car ils sont vie pour ceux qui les trouvent, santé pour tout leur corps.**
>
> **Proverbes 4:2022**

Le mot hébreu pour santé est « marpe » et qui signifie « médicament » .

Il peut paraître difficile de le croire, mais la Parole de Dieu apporte vraiment la guérison à notre corps physique. La Bible dit qu'elle est vie et santé pour la chair. Le mot « chair » désigne le corps physique.

J'aimerais citer ici un article très intéressant paru dans le Reader's Digest :

> *La notion selon laquelle la foi religieuse peut promouvoir le bien-être physique n'est pas nouvelle. La plupart d'entre nous ont entendu parler de situations dans lesquelles une personne, apparemment par pure foi et volonté, a miraculeusement recouvré la santé après une maladie en phase terminale ou survécu beaucoup plus longtemps que les médecins le croyaient possible. Ce qui est nouveau est que de telles récompenses de la foi deviennent maintenant l'affaire de la science. « Nous ne pouvons pas prouver scientifiquement que Dieu guérit, mais je crois que nous pouvons prouver que la foi en Dieu a des effets bénéfiques, déclare Dale A. Matthew, M.D., professeur associé de médecine au Centre médical de l'université de Georgetown, à Washington (D.C.). Il ne fait pratiquement pas de doute que la foi et les pratiques saines liées à la foi peuvent aider les gens à aller mieux. »*

Une preuve irrésistible

Mais quelle puissance peut revêtir la preuve qui lie la foi à la santé ? Plus de 30 études ont découvert un lien entre, d'une part, l'engagement spirituel et religieux et, d'autre part, une durée de vie plus longue. Parmi les études les plus frappantes : Une enquête portant sur 5 286 Californiens a montré que les membres d'églises ont un taux de mortalité inférieur aux personnes qui ne fréquentent pas d'église, indépendamment des facteurs de risque tels que le tabagisme, l'alcoolisme, l'obésité, et l'inactivité. Ceux qui avaient un engagement religieux ont présenté moins de symptômes ou s'en sont mieux sortis dans sept études sur huit menées sur le cancer, quatre études sur cinq pour des cas d'hypertension artérielle, quatre études sur six pour des cas de maladies cardiaques, et quatre études sur cinq pour des cas plus généraux. Les personnes qui ont un engagement religieux fort semblent moins enclines à la dépression, au suicide, à l'alcoolisme, et aux autres dépendances, selon l'analyste d'une des études. L'une des études les plus étendues démontre que les liens entre religion et santé franchissent les barrières de l'âge, du sexe, de la culture et de la géographie. Cela inclut plus de 200 études dans lesquelles on a constaté que la religion jouait un rôle dans l'incidence d'une maladie, explique Jeffrey S. Levin, un ancien professeur de l'École de médecine de la Virginie orientale, à Norfolk (U.S.A.). Levin a découvert une association entre la bonne santé et la religion dans les études menées sur les enfants et les adultes plus âgés, chez les protestants américains, les catholiques européens, les bouddhistes japonais et les Juifs d'Israël, chez des gens vivant dans les années 1930 et les années 1980, chez des patients souffrant de maladies aigües et chroniques.

Comment la prière guérit

Pourquoi la foi semble-t-elle avoir un effet aussi le temps de recueillement – l'habitude le plus important de la vie productif ? Les experts fournissent plusieurs explications possibles. Le fait d'aller à des services religieux garantit le contact avec des gens. Le soutien social est une clé bien documentée de la santé et de la longévité. La foi donne un sentiment d'espoir et de contrôle qui contrecarre le stress. « L'engagement envers un système de croyances permet aux gens de mieux gérer la maladie, la souffrance et la perte, synonymes de traumatismes, » dit Harold G. Koenig, docteur en médecine et directeur du Centre pour l'étude de la religion, de la spiritualité, et de la santé, au Centre médical universitaire de Duke. La prière évoque des changements bénéfiques dans le corps. Quand les gens prient, ils expérimentent les mêmes diminutions au niveau de la tension artérielle, du métabolisme, du cœur et de la respiration comme la célèbre « réaction relaxante » décrite par Herbert Benson, médecin pratiquant à l'École de médecine de Harvard. La récitation du rosaire, par exemple, fait appel aux mêmes étapes que la réaction relaxante » : on répète un mot, une prière, une phrase, ou un son, et on retourne à cette répétition quand d'autres pensées font irruption. Si la réaction relaxante fonctionne, quels que soient les mots utilisés, dit Benson, ceux qui choisissent une phrase religieuse sont plus susceptibles d'en bénéficier s'ils croient en Dieu.

Les prières des autres peuventelles guérir ?

Les chercheurs étudient la possibilité que les prières des autres puissent guérir. Benson et ses collègues, qui se penchent sur le cas des patients qui ont des dérivations coronariennes, et Matthews, qui étudie les gens qui souffrent d'arthrite rhumatoïde, s'efforchent de confirmer les découvertes d'une étude de 1988 que l'on cite souvent et qui a été menée par le cardiologue Randolph Byrd, docteur en médecine. Le Dr Byrd a divisé 393 malades du cœur du Centre médical de l'Hôpital général de San Francisco en deux groupes. Des chrétiens de tout le pays priaient pour le premier groupe. Les membres du deuxième groupe n'ont pas bénéficié de la prière. Les patients ne savaient pas à quel groupe ils appartenaient. Les membres du groupe qui avaient bénéficié de la prière ont expérimenté moins de complications, moins de cas de pneumonie, moins d'arrêts cardiaques, moins de troubles cardiaques congestifs et ont eu moins besoin d'antibiotiques. Plus déconcertantes encore sont les études controversées qui suggèrent que la prière peut tout influencer depuis la croissance des bactéries dans un laboratoire jusqu'à la guérison des blessures chez les souris. « Ces études sur les organismes inférieurs peuvent être menées avec une grande précision scientifique, et les découvertes ne peuvent pas être expliquées par, disons, l'effet placebo, » dit Larry Dossey, docteur en médecine, auteur de Prayer Is Good Medicine [La prière est un bon médicament].

Les médecins croyants

Le Dr Dossey a acquis une telle conviction sur la puissance de la prière qu'il a commencé à prier, en privé, pour ses patients. Cependant, lui et d'autres experts avancent à pas feutrés dans cette zone. « Nous ne voulons certainement pas commencer à vendre la religion au nom de la science, ditil. Les gens ont besoin de faire leurs propres choix. » Et pourtant, les établissements de santé commencer à prêter attention au lien entre foi et santé. Des conférences sur la spiritualité et la santé ont été sponsorisées par l'École de médecine de Harvard et la Clinique Mayo. Près de la moitié des écoles de médecine américaines offrent maintenant des cours sur le sujet.

Dans une enquête menée auprès de 269 médecins à la rencontre de l'Académie américaine des médecins de famille, en 1996, 99% ont dit qu'ils pensaient que les croyances religieuses pouvaient contribuer à la guérison. Quand on les a interrogés sur leurs expériences personnelles, 63% des médecins ont affirmé que Dieu intervenait pour améliorer leurs propres conditions médicales. De manière très claire, leurs patients reconnaissent que la prière est un outil puissant dans la guérison.

Des sondages organisés par Time/CNN et USA Weekend montrent que près de 80% des Américains croient que la foi ou la prière peut aider les gens à se remettre de la maladie ou de blessures, et plus de 60% pensent que les médecins devraient parler à leurs patients de la foi et même prier avec ceux qui le réclament. Cette aspiration pour un lien entre religion et médecine est en partie une réaction à un système de santé qui est devenu de plus en plus débordé et impersonnel. « En médecine, le balancier était allé tellement loin en direction du physique qu'il a presque totalement exclu tout ce qui est spirituel, dit le Dr Dossey. Cela ne semblait pas juste aux yeux des patients ou de la plupart des médecins, et le balancier a commencé à osciller dans l'autre sens. »

Comment la foi s'accordetelle ?

Que signifie donc cela pour l'homme moyen ? Cela ne veut pas dire qu'il faille ajouter l'adoration à la liste des choses saines que l'on peut faire. On ne peut pas adopter la foi comme on adopte un régime sans matière grasse. Ce que vous pouvez faire, c'est vous exprimer et dire, face à la maladie ou l'intervention chirurgicale, que vous aimeriez que votre foi fasse partie intégrante de votre traitement. Cela ne sous-entend pas que vous deviez vous attendre à ce que votre docteur prie avec ou pour vous. Mais il est raisonnable de s'attendre à ce qu'il soit attentif à vos besoins, qu'il organise un rendez-vous avec l'aumônier de l'hôpital, ou qu'il prenne du temps pour prier avant que vous ne soyez emmené dans la salle d'opération. « La foi, soutient Koenig, offre aux gens un contrôle sur leur vie par opposition au fait de ne dépendre que de la profession médicale qui devient de plus en plus distante et mécanique, chaque jour. » [2]

11. Un temps de recueillement quotidien entraîne la purification.

Vous, vous êtes déjà purs, à cause de la parole que je vous ai dite.

Jean 15:3

Consacreles par la vérité : c'est ta parole qui est la vérité.

Jean 17:17

Comme l'a dit Ésaïe, « nous avons des lèvres impures et nous habitons au milieu d'un peuple aux lèvres impures. » Remercions Dieu parce qu'un temps de recueillement quotidien avec Lui apporte la purification. Vous êtes-vous jamais demandé pourquoi l'Église d'aujourd'hui expérimente si peu la puissance de Dieu ? C'est à cause du péché et de la saleté qui règnent dans l'Église.

Car, sachez-le bien, aucun de ceux qui se livrent à l'inconduite sexuelle, à l'impureté ou à l'avidité – c'est-àdire à l'idolâtrie – n'a d'héritage dans le royaume du Christ et de Dieu. Que personne ne vous trompe par des discours vides ; car c'est pour cela que la colère de Dieu vient sur les rebelles.

Éphésiens 5:5,6

12. Un temps de recueillement quotidien avec Dieu produit la foi chez le chrétien moyen.

> **Ainsi la foi vient de ce qu'on entend, et ce qu'on entend par la parole du Christ.**
>
> **Romains 10:17**

La foi vient de ce qu'on entend et ce qu'on entend par la Parole de Dieu. Plus vous lisez la Bible, plus vous croyez en la puissance salvatrice de Dieu. La Bible est riche de centaines d'histoires qui parlent de la délivrance de Dieu. Vous y trouverez des personnes aux portes de la mort qui ont été sauvées par Dieu. Vous lirez l'histoire de gens qui se trouvaient dans des situations difficiles et complexes et qui ont été sauvés par la puissance de Dieu. Ces témoignages inspirent la foi. Ne considérez pas cela comme allant de soi. Ne vous dites pas que vous savez tout de Dieu. Une dose quotidienne de la Parole de Dieu augmentera votre foi.

13. Un temps de recueillement quotidien avec Dieu chasse la lassitude, l'abattement et la dépression.

> **Comme la pluie et la neige descendent du ciel et n'y reviennent pas sans avoir abreuvé la terre, sans l'avoir fécondé et fait germer, sans avoir donné de la semence au semeur et du pain à celui qui a faim, ainsi en est-il de ma parole qui sort de ma bouche.**
>
> **Ésaïe 55:10**

La Parole de Dieu est comme la pluie et la neige qui rafraîchissent. Vous serez béni par l'effet rafraîchissant d'un temps de recueillement quotidien avec Dieu. Quand je voyage, je suis souvent lassé et malheureux si je n'ai pas eu la possibilité de passer du temps avec le Seigneur. Vous devez en faire l'expérience par vous-même. L'effet rafraîchissant et calmant que produit un moment passé dans la présence de Dieu est tout simplement incomparable.

14. Un temps de recueillement quotidien avec Dieu donne de la puissance au chrétien ordinaire.

> **Car je n'ai pas honte de la bonne nouvelle ; elle est en effet puissance de Dieu pour le salut de quiconque croit, du Juif d'abord, mais aussi du Grec.**
>
> **Romains 1:16**

L'Évangile de Jésus-Christ (qui est la Parole de Dieu) est la puissance de Dieu pour le salut. Il y a de la puissance dans la Parole de Dieu. Il y a de la guérison dans la Parole de Dieu. Quand vous vous exposez à la Parole de Dieu, vous vous exposez à une puissance surnaturelle. Dieu est réellement présent dans sa Parole. Il est la Parole. « Au commencement était la Parole ; la Parole était auprès de Dieu ; la Parole était Dieu. » Dieu est la Parole ou la Parole est Dieu.

Exposez-vous à la Parole et vous vous exposerez à Dieu. La puissance de Dieu deviendra une réalité pour vous.

Quelle puissance est capable de changer les vies de milliers de jeunes gens qui ont dansé, bu et fumé et se sont transmis le virus du sida les uns aux autres ? Je ne parle pas d'hommes et de femmes âgés sans vie et sans énergie. Je parle de jeunes hommes et femmes qui sont changés par la puissance de la Parole de Dieu.

Quelqu'un a dit un jour, à propos de mon église : « Votre église est comme un grand groupe de jeunes. » Voyez-vous, mon église est principalement composée de jeunes gens. J'ai des milliers de jeunes qui servent le Seigneur de tout leur cœur et de toute leur force.

Qu'estce qui a changé le cours de leur vie ? Est-ce l'imposition des mains ? Est-ce le jeûne ? Non ! C'est la Parole de Dieu. La Parole de Dieu, c'est la puissance de Dieu avec la capacité de sauver et de changer.

15. Un temps de recueillement quotidien avec Dieu peut vous rendre plus sage que vos ennemis, vos enseignants et les anciens.

> **Ton commandement me rend plus sage que mes ennemis, car je l'ai toujours avec moi. J'ai plus de bon sens que tous mes maîtres, car ce sont tes préceptes que je médite. J'ai plus d'intelligence que les vieillards, car je garde tes directives.**
>
> **Psaume 119:98-100**

Un temps de recueillement quotidien avec Dieu vous apportera la bonne perspective de la vie. Vous serez libéré des dés illusions relatives à ce que la vie peut apporter. Cela vous conduira et changera votre âme. Vous verrez la vie d'une manière différente. Un temps de recueillement quotidien avec Dieu vous rendra plus sage que les gens qui vous entourent.

Récemment, je me promenais sur un grand terrain de golf appartenant à un japonais. Tandis que je contemplais l'immense terrain qui appartenait à cet homme, je nourrissais l'espoir que cet homme connaissait Dieu. Voyez-vous, un jour, il lui faudra bien quitter cette terre et les vastes propriétés qu'il possède.

La Parole de Dieu vous aide à estimer ce qui a vraiment de la valeur. La Parole de Dieu vous permet de voir la richesse de ce monde dans la juste perspective. Jésus a dit : « Amassez-vous plutôt des trésors dans le ciel. » Quand la Parole de Dieu est en vous, vous vous dites à vous-même : « Je vais m'amasser des trésors dans le ciel » – et cela, c'est la vraie sagesse.

Chapitre 7

Le temps de recueillement – une occasion d'obtenir la sagesse

1. Le temps de recueillement, c'est la clé qui nous fait pénétrer dans la sagesse de Dieu et par conséquent, permet notre promotion.

   Commencement de la sagesse : acquiers la sagesse, et avec tout ce que tu acquiers, acquiers l'intelligence

   Proverbes 4:7

2. En ayant un temps de recueillement, vous exaltez la sagesse dans votre vie et vous acquérez de la gloire.

   Exaltela, elle t'élèvera ; elle fera ta gloire, si tu l'étreins.

   Proverbes 4:8

3. Un temps de recueillement, c'est la clé qui vous fait pénétrer dans la sagesse, et par conséquent, vous donne la victoire.

   Mieux vaut la sagesse que des armes de combat ; un seul pécheur anéantit beaucoup de bien.

   Ecclésiastes 9:18

   Ils n'étaient pas capables de s'opposer à la sagesse et à l'Esprit par lesquels il parlait.

   Actes 6:10

   Alors le boiteux sautera comme un cerf, et la langue du muet poussera des cris de joie. Car de l'eau jaillira dans le désert, des torrents dans la plaine aride.

   Ésaïe 35:6

Ce livre de la loi ne s'éloignera pas de ta bouche ; tu le reliras jour et nuit pour veiller à mettre en pratique tout ce qui y est écrit ; alors tu mèneras à bien tes entreprises, tu réussiras.

Josué 1:8

4. Un temps de recueillement, c'est la clé qui vous rend riche, car vous avez accès à la sagesse de Dieu.

   Avec moi il y a richesse et gloire, biens durables et justice. Pour donner un patrimoine à ceux qui m'aiment et remplir leurs trésors.

   Proverbes 8:18-21

   Dans sa main droite, il y a longueur de jours ; dans sa main gauche, richesse et gloire.

   Proverbes 3:16

   La couronne des sages, c'est leur richesse…

   Proverbes 14:24

5. Un temps de recueillement vous montrera que l'intelligence humaine est un piètre substitut de la sagesse de Dieu.

   Où est le sage ? Où est le scribe ? Où est le débatteur de ce monde ? Dieu n'at-il pas frappé de folie la sagesse du monde ? En effet, puisque le monde, par la sagesse, n'a pas connu Dieu dans la sagesse de Dieu, c'est par la folie de la proclamation qu'il a plu à Dieu de sauver ceux qui croient. Les Juifs, en effet, demandent des signes, et les Grecs cherchent la sagesse. Or nous, nous proclamons un Christ crucifié, cause de chute pour les Juifs et folie pour les non-Juifs ; mais pour ceux qui sont appelés, Juifs et Grecs, un Christ qui est la puissance de Dieu et la sagesse de Dieu. Car la folie de Dieu est plus sage que les humains, et la faiblesse de Dieu est plus forte que les humains.

   1 Corinthiens 1:20-25

6. Un temps de recueillement vous permettra de vous éloigner progressivement de l'intelligence humaine et de vous diriger vers la sagesse de Dieu.

   Que personne ne se trompe lui-même : si quelqu'un parmi vous se considère comme sage selon ce monde, qu'il devienne fou pour devenir sage. En effet, la sagesse de ce monde est folie devant Dieu. Car il est écrit : Il prend les sages à leur propre ruse.

   1 Corinthiens 3:18,19

   En ces jours là, Jésus s'en alla prier dans la montagne ; il passa toute la nuit à prier Dieu. Quand le jour parut, il appela ses disciples et en choisit douze, à qui il donna aussi le nom d'apôtres : Simon, à qui il donna aussi le nom de Pierre, André, son frère, Jacques, Jean, Philippe, Barthélémy, Matthieu, Thomas, Jacques, fils d'Alphée, Simon, celui qu'on appelle le Zélote, Judas, fils de Jacques, et Judas Iscarioth, qui devint traître.

   Luc 6:12-16

7. Un temps de recueillement nous fait entrer dans la vraie sagesse parce que nous commençons alors à craindre et respecter Dieu, et à Lui obéir.

   Le début de la sagesse, c'est la crainte du Seigneur ; la connaissance des saints, c'est l'intelligence.

   Proverbes 9:10

   Le commencement de la sagesse, c'est la crainte du Seigneur ; ils ont du bon sens, tous ceux qui s'en inspirent. Sa louange subsiste à jamais.

   Psaume 111:10

   Puis il dit à l'être humain : « La crainte du Seigneur, voilà la sagesse ! S'écarter du mal, c'est là l'intelligence. »

   Job 28:28

Chapitre 8

Le temps de recueillement – une occasion d'avoir un temps de prière quotidien

Un temps de recueillement, ce n'est pas seulement un temps consacré à la lecture et à l'étude de la Bible, c'est également un temps consacré chaque jour à la prière. Peu importe votre rang ou votre importance, vous avez besoin de communiquer tous les jours avec le Seigneur. Il y a des chrétiens qui se contentent de prier mais n'étudient pas la Parole. De telles personnes ne peuvent entretenir une véritable relation avec Dieu. C'est l'alliance de la Parole et de la prière qui édifie le temps de prière quotidien.

Onze raisons pour lesquelles il faut prier tous les jours

1. La prière est très importante.

Quelqu'un a dit, un jour, qu'il est plus important de savoir comment prier que d'obtenir un diplôme universitaire…

Bien des choses se révèlent importantes dans cette vie. Il est important d'avoir une bonne instruction. Il est important d'avoir de l'argent. Il est important de faire un bon mariage. Mais, il est extrêmement important d'avoir une bonne vie de prière !

Il faut que cela pénètre votre esprit – Pardessus tout, priez ! Dans toutes vos activités, réservez une place à la prière !

2. À l'instar de Daniel, les grands hommes ont prié pendant leur temps de recueillement.

Lorsque Daniel sut que le décret était signé, il monta chez lui, dans la chambre à l'étage dont les fenêtres étaient ouvertes dans la direction de Jérusalem ; trois

fois par jour il se mettait à genoux, il priait et louait son Dieu, comme il le faisait auparavant.

Daniel 6:11

Vous noterez, dans ce texte de l'Écriture, que Daniel priait trois fois par jour. Puis il y a cette phrase importante qui précise « comme il le faisait auparavant » . Cela signifie que Daniel priait ainsi de manière régulière. Daniel ne priait pas seulement quand il avait des problèmes ; il priait de manière régulière.

Très souvent, quand les gens prospèrent, ils cessent d'aller aux réunions de prière et finissent par rétrograder. Il n'en allait pas ainsi avec Daniel ! Il était premier ministre de son pays, et par conséquent le numéro deux après le roi. C'était un homme qui avait réussi et qui avait quitté son rang d'esclave pour occuper le rang élevé de premier ministre. C'était donc l'un des hommes les plus respectés et les plus craints du pays. C'était un personnage majeur de la vie politique de son époque. C'était un serviteur de l'État. Cependant, il priait trois fois par jour, tous les jours !

3. Personne n'est jamais trop occupé, trop béni ou trop prospère pour prier.

Vous pouvez avoir une vie très occupée et être une personne très importante, mais je ne pense pas que vous soyez plus occupé que ne l'était Daniel. Daniel était premier ministre, un leader dans son pays. La plupart des gens pensent que les chefs d'État et les membres de leurs gouvernements mènent une vie détendue et agréable, et qu'ils voyagent à travers le monde. Ce n'est pas la réalité !

Je suis moi-même à la tête d'une grande organisation, et je suis bien placé pour savoir que les gens qui occupent des positions élevées n'ont pas la vie facile. Plus vous vous élevez, plus grande est votre responsabilité.

Quand on évolue sur le côté tranchant de la vie et du ministère, on doit accomplir un dur labeur. Saviez-vous que les responsables qui réussissent comme Daniel sont si stressés qu'ils ont plus de probabilité de contracter des maladies comme les ulcères de l'estomac ou les crises cardiaques ? Ces problèmes sont plus courants chez les gens très occupés, en raison du travail difficile qu'ils doivent faire.

Daniel était dans une telle situation. Il était premier ministre, mais il n'était pas trop occupé pour ne pas prier trois fois par jour. Si vous pensez que vous êtes trop occupé pour prier, c'est que vous vous trompez vous-même. Si vous ne priez pas, c'est parce que vous ne voulez pas le faire, et parce que vous ne pensez pas que la prière soit importante aujourd'hui ! Daniel avait réussi, mais il priait quand même. Pourquoi estce qu'il réussissait à prier trois fois par jour ?

J'ai vu, dans l'église, des gens passer de la pauvreté aux bénédictions les plus grandes. Quand ils étaient pauvres, ils avaient tout leur temps pour assister aux réunions de prière. Mais quand ils ont expérimenté les bénédictions, ils se sont dit que tout allait bien. Non ! Tout ne va pas bien ! Le fait que vous soyez béni n'est pas le signe que vous devez arrêter de prier !

4. **La prière quotidienne est la source de notre puissance et de notre protection.**

Vous devez réaliser que c'est la prière qui libère la puissance de Dieu en notre faveur. Jésus connaissait la puissance de la prière. C'est pour cela qu'il passait de longues heures dans la prière.

Si vous êtes un homme d'affaires qui connaît le succès, vous pensez peut-être que vous n'avez pas besoin de ces « trucs » spirituels. Si vous êtes un homme ou une femme politique, vous pensez peut-être que votre protection doit venir de fétiches ou de puissances occultes. Laissezmoi vous dire tout de suite qu'il y a de la puissance dans la prière.

Nous n'avons pas besoin d'une autre puissance quelconque si nous avons déjà celle de la prière.

Quand nous prions, nous avons une protection. La dernière partie de l'armure de Dieu, c'est la prière (Éphésiens 6:18).

En d'autres termes, la prière est un élément important de votre défense spirituelle.

Au Ghana, la plupart des gens commencent à avoir peur quand ils prospèrent. Ils ont l'impression que quelqu'un utilise des pouvoirs surnaturels pour essayer de les tuer. Vous n'avez rien à craindre quand vous êtes un homme de prière comme Daniel.

De nombreuses personnes voulaient faire mourir Daniel. Ces gens n'avaient pas seulement l'intention de tuer Daniel, ils complotaient réellement dans le but de l'éliminer. Grâce à la puissance de la prière, Daniel fut protégé des lions. Je vois déjà tous les lions de votre vie prendre peur et s'en aller de tous côtés ! Je vois vos prières avoir de plus en plus de puissance ! Je vous vois avancer, poussés par une nouvelle vie de prière !

> **...Jésus aussi reçut le baptême ; et, pendant qu'il priait, le ciel s'ouvrit,**
>
> **Luc 3:21**

Je vois le ciel s'ouvrir sur votre vie ! N'oubliez jamais ceci ! Le ciel s'est ouvert pendant que Jésus priait.

Les bénédictions physiques et spirituelles pleuvent sur vous quand vous vous mettez à prier sérieusement.

5. La prière quotidienne est importante pour acquérir et soutenir les bénédictions de Dieu.

Avezvous de quoi être fier ? Avezvous déjà accompli quelque chose dans votre vie ? Permettezmoi de vous dire que, si c'est le cas, c'est par la grâce de Dieu. Par la puissance de la prière, vous accomplirez de nombreuses et grandes choses. C'est par la prière que vous soutiendrez ce que Dieu a placé dans vos mains.

Je connais des gens qui ont reçu en don des milliers de dollars. Aujourd'hui, cet argent a disparu. Il s'est volatilisé. Quand Dieu vous donne quelque chose, il faut toute sa grâce pour prolonger cette bénédiction. Êtesvous un pasteur qui exerce un grand ministère ? Permettezmoi de vous dire qu'il faut la prière pour vous soutenir dans un tel ministère. Pourquoi, à votre avis, Jésus s'isolaitil pour prier ?

Dans le monde, il y a une loi de dégénération qui est à l'œuvre. Tout se corrompt. Vos affaires se corrompent. Votre église se corrompt. Votre vie même se corrompt. Il faut toute la puissance de Dieu, par la prière, pour préserver tout ce que Dieu vous a donné.

6. Un temps de tranquillité et de prière quotidien est d'autant plus efficace qu'il est régulier.

Le grand écrivain Dostoïevski a dit : « La deuxième partie de la vie d'un homme est faite des habitudes qu'il a acquises pendant la première. »

Pascal a dit, quant à lui : « La force des vertus d'un homme est faite de ses actes habituels. »

Si vous voulez être un grand homme, dans cette vie, vous devez acquérir de bonnes habitudes. Une action devient une habitude quand elle est maintes fois répétée, consciemment ou inconsciemment. Elle devient alors votre coutume ! Les habitudes peuvent être bonnes ou mauvaises. Rappelez-vous que les bonnes habitudes se répètent aussi facilement que les mauvaises.

Une bonne habitude conduira à des percées conséquentes sans même que ce soit voulu. Les mauvaises habitudes peuvent conduire à des échecs conséquents. Si vous décidez de développer l'habitude de prier, vous développerez l'habitude de réussir.

Jésus allait à l'église le jour du sabbat parce que c'était son habitude. La Bible nous dit que Jésus avait des coutumes ou des habitudes.

...Il se rendit à la synagogue, selon sa coutume, le jour du sabbat...

Luc 4:16

Daniel avait l'habitude de prier trois fois par jour.

...trois fois par jour [Daniel] se mettait à genoux, il priait et louait son Dieu...

Daniel 6:10

Dans le monde séculier, la vie n'est pas faite pour inclure un temps de prière. On commence à travailler tôt le matin jusqu'à tard le soir. Les semaines peuvent passer sans que l'on pense même à prier. Pour la plupart des gens, seule une situation difficile leur fera penser qu'ils ont besoin de prier. Cher ami, il est important que vous incluiez la prière dans votre vie.

Dieu n'est pas un pneu de rechange ! On n'utilise le pneu de rechange qu'en cas d'urgence. Dieu n'est pas insensé. Ce qu'un homme sème, il le moissonnera. Si vous avez du temps pour Dieu sur une base régulière, il aura le temps de vous bénir sur une base aussi régulière. Seule la compassion de Dieu le pousse à écouter certaines de nos prières.

Développez votre vie de prière jusqu'à ce qu'elle devienne spontanée. Développez votre vie de prière jusqu'à ce que vous priiez de manière habituelle sans même penser à ce que vous faites.

J'ai pris du temps pour prier

Quand j'étais étudiant en médecine, j'étais très pris par mes cours. Je n'avais vraiment pas de temps pour prier. Mais comme j'avais fait de la prière un élément de ma vie chrétienne, je ne pouvais en aucun cas m'en passer ! Je devais absolument l'inclure dans mon emploi du temps. J'ai décidé alors de prier tard le soir. J'avais très souvent envie de dormir de sorte qu'il me fallait sortir et marcher pour rester éveillé.

La prière était si importante pour moi que je ne pouvais la laisser en dehors de ma vie.

Un soir, je m'apprêtais à regagner ma chambre après un tel moment de prière quand je me suis réellement endormi tout en marchant ! Ce n'est qu'en me cognant contre le mur du bâtiment de l'université qui abritait la section espagnole que je me suis réveillé !

Je crois que Dieu a vu alors mon désir ardent de continuer à prier en dépit d'un emploi du temps presque impossible.

7. Un temps de tranquillité consacré à la prière vous soutiendra dans les moments difficiles.

Pourquoi attendonsnous d'avoir des problèmes pour prier ? Considéreriez vous quelqu'un comme un véritable ami s'il ne vous appelait que lorsqu'il se trouve en difficulté, et que dans les moments plus sereins, il ne vous consacrait aucun moment ?

Dieu recherche des gens qui veulent vivre en communion avec Lui dans les bons comme dans les mauvais moments.

Plus je prêche, meilleur je deviens dans ce domaine. Plus vous prierez, meilleur vous deviendrez dans ce domaine. Dans les temps de crise, vous découvrirez que vous êtes à la hauteur de la situation et que vous faites des prières puissantes qui produisent des résultats.

8. Un temps de tranquillité consacré à la prière pour les dirigeants du pays est nécessaire.

Il ne fait aucun doute que le monde est dirigé par des esprits mauvais dans les lieux élevés. La terre est peuplée d'être humains qui se font la guerre au quotidien.

Des dictateurs de toutes sortes règnent dans de nombreux pays. Comme les serpents, qui changent leur peau, la plupart des dictateurs d'hier ont un nouveau « look démocratique » , mais n'en demeurent pas moins des tyrans et des despotes dans leur cœur.

La plupart des dirigeants nationaux sont en réalité sous l'influence des esprits mauvais, et cela les poussent à faire ce qu'ils font. Ils s'accrochent au pouvoir au lieu de laisser honorablement les autres avoir la chance de l'exercer. Tels des vampires, ils boivent le sang de la richesse du pays et l'entassent à l'écart, dans des endroits secrets.

Des leaders charismatiques comparables à Hitler conduisent des pays entiers d'abord dans la prospérité puis dans la destruction, par le moyen de la guerre.

Je me rappelle toujours la manière dont les choses ont changé en Afrique du Sud après que le président De Klerk a remplacé le président Botha. Un nouveau leader a ainsi entraîné la libération de Nelson Mandela et mis fin à l'apartheid. Il est important pour nous de prier pour ces dirigeants afin que nos pays prospèrent. Si la bonne personne manœuvre le gouvernail, cela fera toute la différence. Je crois que la présence d'un homme de prière comme Daniel a fait toute la différence dans ce pays.

9. Un temps de tranquillité consacré à la prière vous aidera à développer la capacité de prier pendant de longues heures.

Il y a des années de cela, les seules prières que je connaissais étaient celles que les prêtres nous lisaient à l'église.

Le temps le plus long que je pouvais prier était entre trente et quarante secondes, et c'était quand je récitais le « Notre Père » . Il y avait trois prières que j'étais capable de faire : le « Notre Père » , le « Je Vous Salue Marie » et l' « Angelus » ! Cependant, en grandissant dans la foi, j'ai appris à prier tout seul. Je peux maintenant prier pendant plusieurs heures de rang.

Je me souviendrai toujours de la première fois où j'ai prié pendant trois heures.

J'étais étudiant à l'école d'Achimota (Collège Prince de Galles) au Ghana. J'étais en pleine crise et j'avais besoin de l'intervention du Seigneur. Je me souviens également de la première fois où j'ai prié pendant sept heures. J'étais en classe de première dans la même école. J'ai prié ce jourlà de 10 heures du matin à 17 heures de l'après-midi. J'aime bien prier pendant des heures.

Pour moi, prier pendant 30 minutes, c'est pratiquement comme ne pas prier.

Ne vous méprenez pas ; je ne veux pas dire que Dieu n'écoute pas les prières courtes. Je dis simplement que j'ai développé l'art qui consiste à prier pendant de longues heures comme Jésus le faisait. Jésus a prié pendant trois heures dans le jardin de Gethsémani.

Puis il s'avança un peu, tomba face contre terre et pria ainsi… Il vient vers les disciples, qu'il trouve endormis ; il dit alors à Pierre : VOUS N'AVEZ DONC PAS ÉTÉ CAPABLES DE VEILLER UNE HEURE AVEC MOI ! Il s'éloigna une deuxième fois et pria ainsi… Il revint et les trouva encore endormis ; car ils avaient les yeux lourds. Il les quitta, s'éloigna de nouveau et pria pour la troisième fois en répétant les mêmes paroles.

Matthieu 26:39, 40,42-44

Dans ce texte biblique, Jésus a été surpris de constater que les disciples n'étaient pas capables de prier pendant une heure.

Il vient vers les disciples, qu'il trouve endormis ; il dit alors à Pierre : Vous n'avez donc pas été capables de veiller une heure avec moi !

Matthieu 26:40

Jésus a prié toute la nuit avant de choisir ses disciples.

En ces jors-là, Jésus s'en alla prier dans la montagne ; il passa toute la nuit à prier Dieu. Quand le jour parut, il appela ses disciples et en choisit douze, à qui il donna aussi le nom d'apôtres.

Luc 6:12,13

La prière longue ne fait certes pas l'objet d'une instruction particulière dans la Bible, mais elle est implicite dans l'ensemble de la Parole. Dans les derniers chapitres, je vous enseignerai pour quels sujets il faut prier quand vous voulez prier pendant des heures.

10. La prière que vous faites pendant les temps de recueillement vous aidera à développer une relation très personnelle avec Lui.

De nombreux chrétiens se révèlent incapables de prier quand ils ne sont pas dans un groupe. Ils ne peuvent rester seuls dans une pièce et prier pendant une heure. Il s'agit là d'un grand handicap.

Il y a une différence entre le fait de prier seul et le fait de prier avec un groupe de gens. Les deux types de prière sont importants.

Si vous pouvez prier pendant trois heures tout seul, vous pouvez prier pendant six heures avec les autres. Il est plus facile de prier dans un groupe.

Chaque fois que vous améliorez votre capacité à prier tout seul, vous améliorez votre capacité à réaliser de grandes prouesses dans la prière.

11. La prière que vous faites pendant les temps de recueillement vous aidera à imiter la vie de prière de Jésus.

Il y a quatre moments importants où il faut prier : le matin, l'après-midi, le soir et tout le temps. Jésus priait le matin, et je fais de même.

> **Au matin, alors qu'il faisait encore sombre, il se leva et sortit pour aller dans un lieu désert où il se mit à prier.**
>
> **Marc 1:35**

En quoi réside l'importance de la prière du matin ? Prier le matin est très bon parce que cela vous permet de rencontrer Dieu avant de rencontrer le diable. Vous rencontrez Dieu avant d'affronter les circonstances de la vie. Dieu vous oint pour que vous vainquiez chaque sommet que vous allez rencontrer dans la vie.

La prière de l'après-midi se situe au sein même de vos activités. Quand vous priez l'après-midi, cela signifie que, dans la chaleur du jour et au plus fort de la bataille, vous reconnaissez que Dieu est la force la plus importante de votre vie.

Dieu vous bénira dans votre prière de l'après-midi. Je vous vois très bien prier l'après-midi !

Il prit donc congé et s'en alla sur la montagne pour prier.

Marc 6:46

Vous pouvez profiter de la pause du déjeuner pour prendre un peu de temps pour prier. Cette prière vous fera plus de bien que de manger une assiette !

Il est également important de prier le soir. Quand la Bible dit : « veillez et priez » , cela ne signifie pas que vous devez garder les yeux ouverts quand vous priez. Ce que cela signifie réellement, c'est : « restez éveillés et priez » .

En ces jourslà, Jésus s'en alla prier dans la montagne ; il passa toute la nuit à prier Dieu.

Luc 6:12

Le fait de prier la nuit a une particularité que la prière du jour n'a pas. C'est une expérience très différente. J'ai entendu dire que les sorciers sont très actifs vers 2 heures du matin. Il se peut que, lorsque vous priez la nuit, vous vous attaquiez aux forces des ténèbres d'une manière différente. Après tout, elles sont bien appelées les forces des ténèbres (de la nuit).

Le quatrième moment important, c'est « tout le temps » .

Priez continuellement.

1 Thessaloniciens 5:17

La prière doit être un flot ininterrompu de communication avec votre Père céleste. Il nous a donné le baptême du Saint-Esprit et le don du parler en langues. Je prie moi-même tout le temps. Ma femme me dit que parfois, je prie pendant mon sommeil !

Priez continuellement.

1 Thessaloniciens 5:17

Vous pouvez prier dans l'autobus et sur le chemin du travail. Vous pouvez prier doucement en vousmême quand vous êtes sur votre lieu de travail. Vous pouvez prier pendant que vous êtes sous la douche. Dieu est heureux quand ses enfants sont continuellement en contact avec Lui.

J'ai un ami dont la femme l'appelle sur son portable au moins sept fois par jour. J'ai participé avec lui à des réunions au cours desquelles il a reçu au moins quatre appels de sa femme. Ce n'était rien d'important : elle voulait simplement rester en contact ! Je pense que c'est beau, cela. Elle appelle continuellement !

Je vous vois très bien prier continuellement ! Je vous vois prier le matin et le soir ! Dieu va changer votre vie parce que vous allez découvrir une nouvelle vie de prière ! Votre couple, votre travail et votre ministère ne seront plus jamais les mêmes quand vous aurez fini de lire ce livre !

Quand, à l'instar de Daniel, vous déciderez de prier pendant de longues heures, vous découvrirez que vous aurez besoin d'un modèle, pour prier. Vous avez besoin d'un élément qui vous guide dans votre vie de prière.

Chapitre 9

Le temps de recueillement – une occasion de lire et de méditer la Bible tous les jours

Efforcetoi de te présenter devant Dieu comme un homme qui a fait ses preuves, un ouvrier qui n'a pas à avoir honte, qui dispense avec droiture la parole de la vérité.

2 Timothée 2:15

Ceux-ci avaient de meilleurs sentiments que ceux de Thessalonique ; ils accueillirent la Parole avec beaucoup d'ardeur, en examinant chaque jour les Écritures pour voir si ce qu'on leur disait était exact.

Actes 17:11

Car tout ce qui a été écrit autrefois a été écrit pour notre instruction, afin que, par la persévérance et par l'encouragement des Écritures, nous ayons l'espérance.

Romains 15:4

Oh, l'art perdu de l'étude de la Bible ! Il est triste de constater que la plupart des chrétiens ne lisent même pas la Bible. Puisque la plupart des gens ne lisent pas la Bible, il est évident qu'ils ne l'étudient pas. Dans ce chapitre, je vais vous montrer comment vous pouvez étudier la Bible d'une manière efficace.

Trois types d'étude biblique

1. **L'étude biblique microscopique** - Lire de très courts passages, en méditant sur des versets ou des mots particuliers, et en examinant la signification de ces versets et de ces mots à l'aide des dictionnaires et des concordances en français, en grec et en hébreu.

2. **L'étude biblique thématique** - Elle se fait en étudiant des thèmes particuliers tels que la foi, l'amour, la patience et la loyauté.

3. **L'étude biblique télescopique** - Elle se fait en étudiant la Bible dans une perspective plus étendue.

Comment faire une étude biblique microscopique

1. Analyser chaque mot du verset que vous étudiez.

2. Découvrez la signification de chaque mot du verset à l'aide d'un dictionnaire.

3. Vérifiez dans votre Bible tous les versets correspondants. Analyser également ces versets.

4. Cherchez tous les mots grecs et hébreux correspondants et découvrez leur signification profonde.

5. Posez-vous les questions suivantes :

   i. Que signifie ce verset ?

   ii. Que signifie ce verset pour moi, dans les circonstances particulières ?

   iii. Quelle parole particulière Dieu veut-il me dire ?

   iv. Que dit ce verset ?

   v. Que ne dit pas ce verset ?

   vi. Comment puisje appliquer cela dans ma vie ?

   vii. Y a-t-il ici un commandement auquel je dois obéir ?

   viii. Y a-t-il, dans ce verset, un avertissement auquel je dois prêter attention ?

   ix. Y atil un bon exemple à suivre et un mauvais exemple à éviter ?

x. Y a-til une allégorie (histoire, parabole) que je puisse interpréter ?

xi. Y a-t-il une promesse que je puisse croire ?

xii. Y a-til pour moi, ici, un sujet de prière ?

xiii. Avec qui puisje partager cela ?

6. Prenez note de tous les signes de ponctuation et des guillemets.
7. Ne prenez jamais un verset en dehors de son contexte.

Comment faire une étude biblique thématique

1. Définissez le thème en utilisant un très bon dictionnaire, par exemple le Larousse ou le Robert. Vous pouvez choisir n'importe quel thème, par exemple : la patience, le zèle ou l'amour.
2. Recherchez tous les versets qui se réfèrent au thème et lisez-les à haute voix.
3. Étudiez tous ces versets de manière microscopique.
4. Trouvez les éléments suivants :

i. Les « pourquoi ? » et les « pourquoi pas ? » du thème. Par exemple, « pourquoi avoir de la patience ? » ou « pourquoi ne pas avoir de la patience ? »

ii. Les « comment ? » et les « comment ne pas ? » du thème. Par exemple : « comment acquierton la patience ? »

iii. Les « où ? » et les « où ne pas ? » du thème. Par exemple : « où pratique t-on l'amour ? » ou bien : « où ne pratique t-on pas l'amour ? »

iv. Les « quand ? » et les « quand ne pas ? » du thème. Par exemple : « quand doit-on se montrer zélé ? » ou bien

« quand ne doit-on pas se montrer zélé ? »

v. Les « que ? » et « que ne pas ? » du thème. Par exemple: « qu'estce que l'amour ? Ou bien : « quelles sont les choses qui ne sont pas de l'amour ? », par exemple :
l'amour, ce n'est pas le sexe, ou : le sexe, ce n'est pas l'amour.

vi. Les « qui » et « qui ne pas ? » du thème. Par exemple : « avec qui doiton faire preuve de patience ? » ou « avec qui ne doit-on pas faire preuve de patience ? »

5. Recherchez les types du thème. Par exemple : « quels sont les différents types d'amour ? » phileo, agape et éros.

6. Recherchez des exemples du thème. Recherchez des exemples de patience dans la Bible. Recherchez des exemples de zèle, par exemple : Jésus.

7. Recherchez des problèmes/erreurs en relation avec le thème. Quels sont les problèmes qui apparaissent quand on ne marche pas dans l'amour ? Quels problèmes les gens rencontrentils quand ils ne font pas preuve de patience ?

Comment faire une étude biblique télescopique

1. Lisez un livre entier de la Bible, de préférence d'une seule traite. Comme vous lisez de longues portions de la Bible, il vous sera plus facile de le faire dans une traduction moderne de la Bible.

2. Faites-vous une image complète.

3. Identifiez le thème central, les versets ou les passages clés.

4. Faites une étude microscopique des mots clés que vous rencontrez.

Chapitre 10

La stratégie principale d'avoir un temps de recueillement efficace

Trois stratégies pour réussir à avoir des temps de recueillement

Stratégie #1 – Établir un horaire pratique, immuable et régulier pour avoir un temps de recueillement

Fixez un moment régulier pour rencontrer Dieu. Il est très important que vous fixiez un horaire régulier pour votre temps de recueillement. La vie est telle que les choses importantes sont souvent négligées. Si vous ne planifiez pas un horaire régulier pour avoir un temps de recueillement, je peux vous assurer que vous l'oublierez. Le meilleur horaire pour un temps de recueillement, c'est la première heure de la matinée.

Vous noterez que Moïse avait son temps de recueillement le matin.

> **Sois prêt au MATIN ; DÈS LE MATIN TU MONTERAS au mont Sinaï ; tu te tiendras là devant moi, sur le sommet de la montagne. Que personne ne monte avec toi, et qu'on ne voie personne dans toute la montagne ; que ni le petit bétail ni le gros bétail ne paisse devant cette montagne.**
>
> **Exode 34:2,3**

Stratégie #2 – Éloigne-toi de la présence des autres

Que personne ne monte avec toi…

Exode 34:3

Un temps de recueillement ne consiste pas en une réunion de prière réunissant tous les membres de votre famille qui vivent sous votre toit. Ce n'est pas non plus une réunion de l'église ou la communion fraternelle.

Il s'agit d'un moment d'intimité entre vous et votre Dieu. C'est un moment personnel que vous devez chérir. Vous remarquerez que Moïse ne pouvait pas avoir son temps de recueillement en présence des autres. Un temps de recueillement, c'est un temps où vous êtes seul avec Dieu.

Vous ne pouvez pas développer une relation personnelle avec quelqu'un sans vous retrouver seul avec cette personne. Il faut que vous puissiez vous retirer de la compagnie des autres de manière à vous trouver seul avec Dieu. Si vous n'y arrivez pas, vous devez vous constituer un endroit isolé, chez vous, où vous pourrez vous retirer pour prier et rencontrer Dieu.

Stratégie #3 – Créez une atmosphère qui soit propice à la communion avec Dieu

Vous pouvez le faire en mettant de la bonne musique d'adoration à volume modéré. Si vous ne disposez pas d'une telle musique, vous pouvez adorer le Seigneur sans aucune aide. À mesure que vous adorez le Seigneur, sa présence remplira la pièce. Dieu habite au sein des louanges. Il existe une atmosphère au sein de laquelle la présence de Dieu se manifeste. Je trouve plus facile de prier quand j'écoute de la musique d'adoration ou des enregistrements de prédication.

Il ne sert à rien de lutter dans une atmosphère glaciale et difficile. Mettez de la musique et adorez le Seigneur !

Chapitre 11

Sept étapes à franchir pour avoir des temps de recueillement

Étape #1 – Priez pour commencer votre temps de recueillement

C'est le moment idéal pour louer et adorer le Seigneur à cause de sa bonté. Remerciez le Seigneur pour cette nouvelle journée. Remerciez le pour ce qu'il est, ce qu'il a fait et ce qu'il peut faire et fera. Puis demandez à Dieu de vous parler.

> **Le Seigneur passa devant lui en proclamant : Le Seigneur, le Seigneur (YHWH, YHWH), Dieu compatissant et clément, patient et grand par la fidélité et la loyauté, qui conserve sa fidélité jusqu'à la millième génération, qui pardonne la faute, la transgression et le péché, mais qui ne tient pas le coupable pour innocent, qui fait rendre des comptes aux fils et aux petits-fils pour la faute des pères, jusqu'à la troisième et la quatrième génération ! Moïse s'empressa de s'incliner jusqu'à terre, en se prosternant.**
>
> **Exode 34:6-8**

> **Ouvre mes yeux, pour que je contemple les merveilles de ta loi.**
>
> **Psaume 119:18**

Étape #2 – Lisez un passage de la Bible en vous attendant à ce que Dieu vous parle

Lisez le passage du jour en vous attendant à ce que Dieu s'en serve pour vous parler. Il existe plusieurs manières de choisir votre lecture biblique quotidienne.

Comment choisir votre lecture biblique quotidienne

1. **Choisissez un livre de la Bible dans lequel vous lirez quelques versets par jour**

Vous devez toujours vous rappeler où vous vous êtes arrêté afin de pouvoir repartir de cet endroit le lendemain. Dans le Nouveau Testament, j'ai pu passer de merveilleux temps de recueillement en lisant l'évangile de Luc et la lettre aux Éphésiens. Dans l'Ancien Testament, j'ai également passé de merveilleux temps de recueillement en lisant le livre de la Genèse et les deux livres de Samuel.

2. **Choisissez un personnage de la Bible dont vous pouvez lire toute l'histoire**

Quelques versets tirés de la vie de Moïse vous permettront d'acquérir une grande révélation qui vous sera utile. Vous devez toujours vous rappeler où vous vous êtes arrêté afin que vous puissiez repartir de ce même endroit le lendemain.

3. **Prenez le passage qui vous est suggéré dans votre guide pour la lecture quotidienne**

Quand je suis devenu chrétien, je dépendais d'un tel guide pour mes temps de recueillement.

Étape #3 – Méditez (réfléchissez sérieusement à ce que vous avez lu)

Si vous ne réfléchissez pas à ce que vous lisez, vous perdrez une bénédiction majeure émanant de la Parole de Dieu. Paul a dit à Timothée de réfléchir à ce que dit la Parole de Dieu.

> **Considère ce que je dis : le Seigneur te donnera de l'intelligence en toutes choses.**
>
> **2 Timothée 2:7 (J.N.Darby)**

Sept clés pour une méditation efficace

1. **Lisez lentement le passage.**

2. **Ne lisez pas un passage très long si ce n'est pas nécessaire.**

3. **Arrêtez-vous sur chaque verset qui vous frappe et réfléchissez-y.**

La Parole de Dieu est si puissante qu'un simple mot tiré d'un verset suffit à changer une vie. Chaque temps de recueillement devrait consister à rechercher ce mot unique qui peut changer une vie.

4. **Réfléchissez au sens des mots que vous lisez.**

5. **Réfléchissez à la manière dont l'Écriture s'applique à la vie, au sein de votre génération.**

6. **Parlez à voix basse au Saint-Esprit.**

Dites : « Aides-moi, Saint Esprit, à comprendre ta Parole. Père, donne-moi l'Esprit de sagesse et de révélation. » J'ai prié pendant des années pour que Dieu me donne l'Esprit de sagesse et de révélation qui se trouve dans sa Parole.

> **Que le Dieu de notre Seigneur Jésus Christ, le Père glorieux, vous donne un esprit de sagesse et de révélation qui vous le fasse connaître.**
>
> **Éphésiens 1:17**

7. **Décidez de quelle manière pratique vous pouvez mettre en application le texte biblique que vous avez appris.**

Si vous ne réfléchissez pas à un moyen d'appliquer la Bible d'une manière directe, vous ne profiterez pas de votre temps de recueillement.

Étape #4 – Lancez-vous dans une étude plus profonde de la Bible et référez vous de nouveau aux choses qui vous ont frappé durant vos temps de recueillement

Il arrivera parfois que vous ayez besoin de prolonger vos temps de recueillement. Si Dieu vous parle sur un sujet particulier, vous devrez être prêt à l'étudier plus en profondeur. C'est la raison pour laquelle il est important de posséder une Bible avec de bonnes références.

Relisez de nouveau l'ensemble du passage pour pouvoir répondre à toutes les questions suivantes :

1. Que m'enseigne le passage à propos de la nature de Dieu – le Père, le Fils, ou le Saint Esprit ?

2. Y a-t-il une promesse que je puisse croire et proclamer, en notant soigneusement les conditions qui y sont attachées ?

3. Y a-t-il un commandement auquel je doive obéir, ou un bon exemple que je doive suivre ?

4. Y a-t-il un avertissement auquel je doive prêter attention ou un mauvais exemple que je doive éviter ?

5. Y a-t-il une prière que je doive faire ou me rappeler ?

Étape #5 – Utilisez votre guide de lecture biblique

Vous pouvez vous référer à votre guide de lecture biblique quotidienne. Ces guides de lecture biblique contribuent grandement à développer une pratique régulière des temps de recueillement. Vous bénéficierez ainsi du ministère d'enseignants oints par Dieu et cela vous aidera dans votre croissance spirituelle.

Étape #6 – Écrivez tout ce que le Seigneur vous dit

Il est important de prendre l'habitude d'écrire les choses dont Dieu nous parle.

Le fait même que vous ayez pris un cahier montre que vous avez foi dans un Dieu invisible. Vous croyez qu'il vous a parlé et vous avez écrit ses propres paroles. Vous avez ainsi franchi une grande étape de foi. Sans la foi, il est impossible de plaire à Dieu.

Étape #7 – Maintenant, passez du temps à prier le Seigneur. Écoutez la voix du Saint Esprit

La dernière étape de votre temps de recueillement consiste à prier. Il vous arrivera parfois de prier courtement, mais en d'autres circonstances, vous prierez longtemps. À mesure que vous avez des temps de recueillements réguliers avec Dieu, ce temps de prière devient de plus en plus long. Vous désirerez très vite passer de longues heures avec le Seigneur.

Pendant votre temps de prière, Dieu vous parlera par le Saint Esprit. Il est des choses que Dieu a besoin de vous dire directement par son Esprit. Le Saint Esprit existe réellement et vous devez croire également en lui.

Chapitre 12

Les outils nécessaires pour un temps de recueillement efficace

1. Des Bibles

Vous aurez besoin de plusieurs Bibles pour passer un temps de recueillement efficace avec Dieu.

Voici quelques-unes des Bibles dont vous devez disposer : la Bible Louis Segond, la Nouvelle Bible Segond, la Bible du Semeur avec notes, la Bible Thompson, la Bible Esprit et Vie, la Bible en français courant et la Bible « Parole de Vie » .

La Bible est le livre de Dieu pour nous, aujourd'hui. Quand vous la lisez, vous entendez la voix de Dieu qui vous parle. Quand vous étudiez la Parole de Dieu, vous découvrez de nouvelles révélations qui affectent votre vie.

2. Un carnet

Le Seigneur dit à Moïse : Taille deux tablettes de pierre comme les premières ; j'écrirai sur ces tablettes les paroles qui étaient sur les premières tablettes que tu as brisées.

Exode 34:1

Vous devez écrire les choses que Dieu vous dit. J'ai, chez moi, un carnet dans lequel j'écris les choses que Dieu me montre. Je suis parfois surpris par les nombreuses révélations et instructions que le Seigneur m'a données. J'écris les rêves, les visions et les paroles que Dieu me donne.

3. Un dictionnaire

L'idéal est de posséder un dictionnaire de la langue française. Vous serez toujours surpris de découvrir la véritable signification de mots que nous pensons souvent connaître.

4. Une concordance

Chaque chrétien doit posséder une concordance, si possible exhaustive.

5. Une bonne attitude

Reconnaissez que l'auteur de la Bible est Dieu.

Après avoir autrefois, à bien des reprises et de bien des manières, parlé aux pères par les prophètes, Dieu nous a parlé, en ces jours qui sont les derniers, par un Fils qu'il a constitué héritier de tout et par qui il a fait les mondes.

Hébreux 1:12

Gardez les yeux fixés sur Jésus, qui est le personnage central de la Bible.

Le Christ ne devait-il pas souffrir de la sorte pour entrer dans sa gloire ? Et, commençant par Moïse et par tous les Prophètes, il leur fit l'interprétation de ce qui, dans toutes les Écritures, le concernait.

Luc 24:26-27

Soyez prêt à recevoir des instructions de la part du Seigneur.

Toute Écriture est inspirée de Dieu et utile pour enseigner, pour réfuter, pour redresser, pour éduquer dans la justice,

2 Timothée 3:16

Permettez à Dieu de vous changer.

Nous tous qui, le visage dévoilé, contemplons comme dans un miroir la gloire du Seigneur, nous sommes transfigurés en cette même image, de gloire en gloire ; telle est l'œuvre du Seigneur, qui est l'Esprit.

2 Corinthiens 3:18

Références

Chapitre 3

1–1 Extrait du livre Le verdict, complément d'enquête, p. 15 1B Josh McDowell Publié par les Éditions Vida.

Chapitre 6

2–2 Extrait du livre The Power of Faith, article paru dans l'édition d'octobre 1999 du Reader's Digest, auteur : Phyllis McIntosh.

Les livres de

Dag Heward-Mills

1. Loyauté et déloyauté
2. Loyauté et déloyauté - Ceux qui vous accuse
3. Loyauté et déloyauté - Ceux qui sont des fils dangereux
4. Loyauté et déloyauté - Ceux qui sont ignorant
5. Loyauté et déloyauté - Ceux qui oublient
6. Loyauté et déloyauté - Ceux qui vous quittent
7. Loyauté et déloyauté - Ceux qui prétendent
8. La croissance de l'Eglise
9. L'implantation de l'Eglise
10. La méga église (2ème Edition)
11. Recevoir l'onction
12. Etapes menant à l'onction
13. Les douces influences de l'onction
14. Amplifiez votre ministère par les miracles et les manifestations du Saint Esprit
15. Transformer votre ministère pastoral
16. L'art d'être berger
17. L'art de leadership (3ème Edition)
18. L'art de suivre
19. L'art de ministère
20. L'art d'entendre (2ème Edition)
21. Perdre, Souffrir, Sacrifier et Mourir
22. Ce que signifie devenir berger
23. Les dix principales erreurs que font les pasteurs
24. Car on donnera à celui qui a et à celui qui n'a pas on ôtera même ce qu'il a
25. Pourquoi les chrétiens qui ne paient pas la dime deviennent pauvres et comment les chrétiens qui paient la dime peuvent devenir riches.
26. La puissance du sang
27. Anagkazo
28. Dites-leur
29. Comment naître de nouveau et éviter l'enfer
30. Nombreux sont appelés
31. Dangers spirituels
32. La Rétrogradation
33. Nommez-le! Réclamez-le ! Prenez-le !
34. Les démons et comment les affronter
35. Comment prier
36. Formule pour l'humilité
37. Ma fille, tu peux y arriver
38. Comprendre le temps de recueillement
39. Ethique ministérielle (2ème Edition)
40. Laikos

www.ingramcontent.com/pod-product-compliance
Lightning Source LLC
LaVergne TN
LVHW010542100826
845148LV00013B/2566

* 9 7 8 1 6 1 3 9 5 4 8 0 5 *